Editorial

Frisches Grün im Frühling, leuchtend rote Beeren im Sommer, knackige Äpfel im Herbst, aromatischer Rosenkohl im Winter – rund um das Jahr schenkt uns Mutter Natur eine Vielfalt an Obst- und Gemüsesorten, Nüssen, Samen sowie Kräutern. Die Vielfalt im Wechsel der Jahreszeiten ist spannend und doch ist das saisonale Kochen heutzutage bei vielen Menschen in Vergessenheit geraten.

Saisonal zu kochen verspricht jede Menge Abwechslung in der Küche, da rund um das Jahr ständig neue Obst- und Gemüsesorten reif werden und sich daraus schmackhafte Gerichte zaubern lassen. Die saisonale Küche liefert uns aber auch Monat für Monat die volle Bandbreite an Nährstoffen und ein Maximum

an Vitalstoffen, denn Obst und Gemüse, das natürlich zur Saison wächst und reif geerntet wird, ist am nährstoffreichsten und schmeckt in dieser Zeit am besten. Wenn Obst und Gemüse im Freien wachsen können, erhalten sie jede Menge frische Luft und Sonnenschein, was sich positiv auf die Entwicklung von Aromen und Nährstoffdichte auswirkt. Daher ist die saisonale Küche auch sehr gesund.

Mittlerweile haben wir uns längst daran gewöhnt, nahezu alle Obst- und Gemüsesorten das ganze Jahr über kaufen zu können. Die Supermärkte schauen Sommer wie Winter gleich aus, das Gefühl für die Jahreszeiten geht immer mehr verloren. Doch es hat seinen Preis, wenn man immer alle Früchte in den Supermarktregalen liegen hat. Dieser tonnenweise Transport rund um den Globus schadet der Umwelt und damit auch den Personen, die diese Ware konsumieren.

Pflanzen, die in unserer Region gar nicht wachsen, müssen per Flugzeug, Schiff und Lkw über weite Strecken zu uns transportiert werden. Dabei bleiben nicht nur Vitalstoffe und Geschmack auf der Strecke. Gemüse und Obst, das vorzeitig und unreif geerntet wird, wird mit großem Aufwand und mit Hilfe von Chemikalien produziert und unnatürlich zur Reife gebracht. Erdbeeren, die frühzeitig auf den Markt kommen, werden unter Folie gezüchtet. Diese Anbauform lässt Schädlinge gut gedeihen, die wiederum mit Chemikalien bekämpft werden müssen. Auch Gemüse aus dem Treibhaus ist oft stärker mit Nitrat belastet als Pflanzen, die im Freien wachsen. Vom guten Geschmack ganz zu schweigen, der sich erst richtig entwickeln kann, wenn Obst und Gemüse ordentlich im Sonnenlicht ausgereift sind. Daher stärken wir mit dem Konsum von saisonalen Produkten nicht nur unsere Gesundheit, sondern auch

die regionale Landwirtschaft und die sinnvolle Bewirtschaftung unserer Böden. Und dann wäre noch die Vorfreude, welche bekanntlich die schönste Freude ist – auf köstliche Spargelspitzen im April, leckere rote Erdbeeren im Mai, knackige Äpfel im August oder leuchtende Kürbisse und duftende Pilze im September.

Natürlich müssen Sie nicht Ihren kompletten Speiseplan sofort und jeden Tag auf saisonale Produkte umstellen. Das würde nicht mehr unserer modernen Welt entsprechen. Es geht vielmehr darum, ein besseres Gefühl für die Nahrung zu entwickeln, zu wissen, wann, wie und unter welchen Bedingungen die Lebensmittel produziert werden, welche Sorten wann wachsen und am besten schmecken. Wir zeigen Ihnen, wie man sich wieder näher am Jahreskreis orientieren kann und welche Rezepte am besten in den Frühling, Sommer, Herbst und Winter passen.

Diana Pyter

Diana Pyter arbeitet seit mehr als 25 Jahren als Journalistin und Autorin. Ihre ersten journalistischen Schritte unternahm sie bei der Augsburger Allgemeinen Zeitung und Radio RT.1. Für beide Unternehmen war sie viele Jahre als freie Journalistin, PR-Texterin, Moderatorin und Nachrichtensprecherin tätig.

Mittlerweile hat sie bereits rund 20 Bücher publiziert und beschäftigt sich seit vielen Jahren mit gesunder Ernährung und einer bewussten Lebensweise. Ihr

Ihre Kochkünste hat sie sogar schon im Fernsehen beim „Perfekten Dinner" auf VOX getestet und freute sich bei der Augsburger Runde über den 1. Platz mit ihrem Glitzer- und Glamour Menü „Viva Las Vegas".

Wissen und ihre positiven Erfahrungen gibt die studierte Germanistin und Kommunikationswissenschaftlerin über ihre Firma HAPPY VITA sowie im Rahmen von Vorträgen weiter. Sie lebt mit ihrem Mann und ihren zwei Kindern im bayerischen Augsburg.

Danke

Ich möchte mich ganz herzlich bei meiner Familie bedanken, die mich zu diesem Buch inspiriert und mich immer unterstützt hat – ganz besonders bei meiner Tochter Lara, die mir bei der Zubereitung der Gerichte und der Realisierung der Fotos tatkräftig zur Seite gestanden hat. Ein herzliches Dankeschön auch an die Presse-Druck- und Verlags GmbH für ihr Vertrauen.

Impressum

Verlag
© 2018 Presse-Druck- und
Verlags GmbH
Curt-Frenzel-Straße 2
86167 Augsburg
www.presse-druck.de

Redaktion und Konzept
Diana Pyter
www.happy-vita.de

Projektmanagement
Martin Hoffmann (Leitung)
Andreas Zündt

Layout und Satz
Kathrin Bücheler
Medienzentrum Augsburg GmbH

Druck und Produktion
Staudigl-Druck GmbH & Co. KG
Schützenring 1
86609 Donauwörth
1. Auflage 2018

ISBN
978-3-94628-205-1

Alle Rechte vorbehalten. Nachdruck, auch auszugsweise, sowie Verbreitung durch Film, Funk, Fernsehen und Internet, durch fotomechanische Wiedergabe, Tonträger und Datenverarbeitungssysteme jeder Art nur mit schriftlicher Genehmigung des Verlags und der Autorin. Alle Angaben im Buch ohne Gewähr. Stand Februar 2018.

Bildnachweis
Titelfotos:
Diana Pyter/Happy Vita GbR
Rezeptfotos:
Diana Pyter/Happy Vita GbR
Titel: © nafanya241/fotolia.com

S. 11: © ONYXprj/fotolia.com,
S. 12: © mallinka1/fotolia.com,
S. 14: © kate_sun/fotolia.com
(Spinat), © Kamimi/fotolia.com
(Gewürze), © foxyliam/fotolia
(Kresse), S. 15: © mozart3737/
fotolia.com, S. 16: © Cora Müller/
fotolia.com, S. 17, 19, 21, 23, 25,
27, 29, 31, 33, 35, 37, 39, 41, 43, 45,
59, 61, 63, 65, 69, 71, 73 ,75, 77, 79,
81, 83, 85, 87, 89, 91, 93, 95, 97, 99,
101, 115, 117, 119, 125, 127, 129 ,131,
133, 135, 137, 139, 141 ,143, 145,
147, 149, 151, 153, 167, 169, 173,
179, 181, 183, 185, 187, 189, 191,
193, 195, 197, 199, 201, 203, 205,
207, 209, 221, 223, 225, 227, 229:

© red_spruce/fotolia.com, S. 47,
49, 51, 53, 55, 57, 105, 107, 109, 111,
113, 115, 157, 159, 161, 163, 165, 167,
213, 215, 217, 219, 221: © pakpong
pongaticnat/fotolia.com, S. 69
© Susann Schröter/fotolia.com
(Salate), S. 69: © ONYXprj/fotolia.
com (Tomate), S. 69, 70: © Susann
Schröter/fotolia.com (Salate &
Beeren), S. 68: © manuta/fotolia.
com, S. 125: © ONYXprj/fotolia.
com (Apfel & Trauben), S. 125,
126, 180: karandaev/fotolia.com,
S. 124: © natashamam35/fotolia.
com, 178: © Natalya Levish/foto-
lia.com, S. 179: © Epine/fotolia.
com (Nüsse), © marinavorona/
fotolia.com (Rote Bete, Karotte),
Notizseiten: © svetlanais/fotolia.
com (Papier), © jivopira/fotolia.
com (Gemüsehintergrund), ©
lalaverock/fotolia.com (Punkte),
Rezeptseiten: © PureSolution/
fotolia.com (Hintergrund)

A

- Apfel-Grünkohl-Smoothie . . . 183
- Apfel, Traube, Birne, Pflaume 131

B

- Bärlauch-Nuss-Pesto 43
- Bärlauch-Schafskäse 41
- Birne, Apfel 181
- Birnen-Quark-Dessert mit Schokolade und Marzipan . . . 175
- Blätterteig mit Mangold und Schafskäse 115
- Blumenkohl-Brokkoli-Salat . 145
- Blüten-Pesto 97
- Bohnen-Salat mit Tomaten und Ziegenkäse 91
- Bratapfel-Dessert 227
- Brokkoli-Blumenkohl-Suppe mit Kresse 87

E

- Energy-Wasser 81
- Erdbeeren mit Minzpesto 61
- Erdbeer-Limes 79
- Ernte-Suppe 137

F

- Feldsalat mit Nüssen, Birnen und Fruchtdressing 201
- Feldsalat mit Ziegenkäse, Walnüssen und Rote Bete 37
- Fermentiertes Gemüse 199
- Feurige Tomatensuppe 135
- Flammkuchen 57
- Frischkäse m. gegr. Gemüse . . 99
- Frühling im Glas 19
- Frühlingsgemüse-Eintopf 55
- Frühlingskräuter-Butter 39
- Frühlingsquark mit Radieschen und Schnittlauch 45
- Frühlings-Salat 31
- Frühlings-Suppe 25

G

- Gefüllter Butternuss-Kürbis . 217
- Gemüse-Puffer 109
- Gerösteter Rosenkohl mit Maronen 213
- Grüne Bombe 21
- Grüner Saft m. Stachelbeeren . . 83

H

- Herbst-Salat 143
- Holunderblütencreme mit Erdbeeren 65
- Holunderblüten-Sirup 17
- Holundersaft und -marmelade 153

K

- Karotte, Apfel, Rote Bete 127
- Karotte, Sellerie, Apfel, Birne 129
- Karotten-Suppe 187
- Kartoffel-Suppe 197
- Käse-Lauch-Suppe 193
- Kirsch-Dessert mit karamellisierten Walnüssen 121
- Kohlrabi-Schnitzel mit Gurkensalat 107
- Krautsalat 147
- Kürbis-Karottensuppe 139
- Kürbissuppe 189

L

- Lauch-Quiche 105
- Lavendel-Limo mit Zitrone . . . 75
- Lebkuchen-Creme 225
- Lebkuchen-Smoothie mit Birnen, Nüssen, Zimt 185

M

- Mais-Paprika-Salat 149
- Maronensuppe 195
- Meerrettich-Dip 207
- Melone-Erdbeere-Minze-Saft . 71
- Melonen-Gurken-Suppe 89
- Mirabellen-Dessert 173
- Muffins mit Erdbeer-Topping 59
- Muffins mit Wintergemüse und Dip 215
- Müsliriegel 223

N

• Nuss-Pilzbutter 211

P

• Pfannkuchen mit Spargel 53
• Pflaumenkuchen
auf die schnelle Art 169
• Pikante Muffins 161

R

• Ratatouille-Brot
mit Schafskäse.............113
• Ratatouille-Gemüse.........167
• Rhabarber Bowle..............77
• Rhabarber-Himbeer-Crumble..63
• Risotto mit Frühlingskräutern,
Bärlauch und Spinat 51
• Risotto mit Pfifferlingen
und Petersilie 159
• Rosen- u. Lavendelzucker ..103
• Rote Bete Aufstrich
mit Meerrettich............209
• Rote Bete Carpaccio
mit Meerrettich............205
• Rote-Bete-Suppe 141
• Rotkohl-Birnen-Salat
mit Walnüssen..............203

S

• Salat im Glas 95
• Salat im Glas mit Spargel,
Schinken und Ei..............35
• Schnelle Bärlauch-Gnocchis..47
• Schupfnudeln mit Kraut..219
• Schwarzwälder-Kirsch-
kuchen im Glas..............119
• Semmelknödel mit
Pilzrahmsoße...............163
• Smoothie: Apfel, Gurke,
Grünkohl, Trauben 133
• Smoothie-Bowl mit Beeren..73
• Sommersalat mit Blüten 93
• Spargel mit Bärlauch-
Hollandaise 49
• Spargel-Erdbeeren-Salat 33
• Spargel-Suppe mit Kresse ..27
• Stachelbeer-Johannisbeer-
Dessert.....................117
• Stollen-Parfait 229
• Suppe aus
ofengeröstetem Gemüse ...191

T

• Tomaten-Paprika-Creme ...155
• Tomaten-Schafskäse-Creme .101
• Tomatensuppe 85
• Trauben-Dessert.............171

U

• Überbackene Kartoffelrosen.165
• Überbackenes Tomaten-
Paprika-Brot 111

W

• Waldmeister Bowle...........23
• Walnuss-Butter 151
• Wildkräuter-Cremesuppe ...29

Z

• Zwiebelbrot, Tomatenbrot
und Walnuss-Brot...........221
• Zwiebelkuchen..............157

Frühling

Säfte & Smoothies
- Holunderblüten-Sirup 17
- Frühling im Glas 19
- Grüne Bombe 21
- Waldmeister Bowle 23

Suppen
- Frühlings-Suppe 25
- Spargel-Suppe mit Kresse 27
- Wildkräuter-Cremesuppe
  mit Ei 29

Salate
- Frühlings-Salat
  mit Wildkräutern 31
- Spargel-Erdbeeren-Salat 33
- Salat im Glas mit Spargel,
  Schinken und Ei 35
- Feldsalat mit Ziegenkäse,
  Walnüssen und Rote Bete 37

Dips & Aufstriche
- Frühlingskräuter-Butter 39
- Bärlauch-Schafskäse 41
- Bärlauch-Nuss-Pesto 43
- Frühlingsquark mit Radies-
  chen und Schnittlauch 45

Hauptspeisen
- Schnelle Bärlauch-Gnocchis . . 47
- Spargel mit Bärlauch-
  Hollandaise 49
- Risotto mit Frühlingskräutern,
  Bärlauch und Spinat 51
- Pfannkuchen mit Spargel 53
- Frühlingsgemüse-Eintopf 55
- Flammkuchen 57

Kuchen & Desserts
- Muffins mit Erdbeer-Topping . . 59
- Erdbeeren mit Minzpesto 61
- Rhabarber-Himbeer-Crumble . . 63
- Holunderblütencreme
  mit Erdbeeren 65

Sommer

Säfte & Smoothies
- Melone-Erdbeere-Minze 71
- Smoothie-Bowl mit Beeren . . . 73
- Lavendel-Limo mit Zitrone . . . 75
- Rhabarber Bowle 77
- Erdbeer-Limes 79
- Energy-Wasser 81
- Grüner Saft mit Stachelbeeren 83

Suppen
- Tomatensuppe 85
- Brokkoli-Blumenkohl-Suppe
  mit Kresse 87
- Melonen-Gurken-Suppe 89

Salate
- Bohnen-Salat mit Tomaten
  und Ziegenkäse 91
- Sommersalat mit Blüten 93
- Salat im Glas 95

Dips & Aufstriche
- Blüten-Pesto 97
- Frischkäse m. gegr. Gemüse . . . 99
- Tomaten-Schafskäse-Creme . . 101
- Rosen- und Lavendelzucker . . 103

Hauptspeisen
- Lauch-Quiche 105
- Kohlrabi-Schnitzel
  mit Gurkensalat 107
- Gemüse-Puffer 109
- Überbackenes Tomaten-
  Paprika-Brot 111
- Ratatouille-Brot 113
- Blätterteig mit Mangold
  und Schafskäse 115

Kuchen & Desserts
- Stachelbeer-Johannisbeer . . . 117
- Schwarzwälder-Kirschkuchen
  im Glas 119
- Kirsch-Dessert mit
  karamellisierten Walnüssen 121

Herbst

Säfte & Smoothies
- Karotte, Apfel, Rote Bete.....127
- Karotte, Sellerie, Apfel, Birne 129
- Apfel, Traube, Birne, Pflaume....................131
- Smoothie: Apfel, Gurke, Grünkohl, Trauben 133

Suppen
- Feurige Tomatensuppe 135
- Ernte-Suppe.................137
- Kürbis-Karottensuppe.......139
- Rote-Bete-Suppe 141

Salate
- Herbst-Salat.................143
- Blumenkohl-Brokkoli-Salat 145
- Krautsalat...................147
- Mais-Paprika-Salat.........149

Dips & Aufstriche
- Walnuss-Butter 151
- Holundersaft und Holundermarmelade.......153
- Tomaten-Paprika-Creme 155

Hauptspeisen
- Zwiebelkuchen..............157
- Risotto mit Pfifferlingen und Petersilie 159
- Pikante Muffins 161
- Semmelknödel mit Pilzrahmsoße 163
- Überbackene Kartoffelrosen..165
- Ratatouille-Gemüse 167

Kuchen & Desserts
- Pflaumenkuchen auf die schnelle Art 169
- Trauben-Dessert............171
- Mirabellen-Dessert.........173
- Birnen-Quark-Dessert mit Schokolade und Marzipan ...175

Winter

Säfte & Smoothies
- Birne, Apfel 181
- Apfel-Grünkohl-Smoothie...183
- Lebkuchen-Smoothie mit Birnen, Nüssen, Zimt....185

Suppen
- Karotten-Suppe 187
- Kürbissuppe.................189
- Suppe aus ofengeröstetem Gemüse.....191
- Käse-Lauch-Suppe 193
- Maronensuppe 195
- Kartoffel-Suppe 197

Salat
- Fermentiertes Gemüse 199
- Feldsalat mit Nüssen, Birnen und Fruchtdressing 201
- Rotkohl-Birnen-Salat mit Walnüssen 203
- Rote Bete Carpaccio mit Meerrettich 205

Dips & Aufstriche
- Meerrettich-Dip 207
- Rote Bete Aufstrich mit Meerrettich 209
- Nuss-Pilzbutter 211

Hauptspeisen
- Gerösteter Rosenkohl mit Maronen 213
- Muffins mit Wintergemüse ..215
- Gefüllter Butternuss-Kürbis..217
- Schupfnudeln mit Kraut.....219
- Zwiebelbrot, Tomatenbrot und Walnuss-Brot.........221

Kuchen & Desserts
- Müsliriegel 223
- Lebkuchen-Creme 225
- Bratapfel-Dessert...........227
- Stollen-Parfait 229

Tipps für saisonales Essen

1. Auf regionalen Bauern- oder Wochenmärkten einkaufen

Hier kann man frische und lokale Produkte kaufen, die im Supermarkt oft mehr kosten. Frisch geerntetes Obst und Gemüse schmeckt viel besser und beinhaltet mehr Nährstoffe als Obst und Gemüse, das tagelang durch die Gegend gekarrt wird und im Supermarkt lange unter künstlichem Licht liegt. Wenn man sich nicht sicher ist, ob das Lebensmittel unbehandelt ist, fragt man einfach nach. Viele Landwirte bauen bereits in Bio-Qualität an, haben aber noch nicht die Zulassung dafür. Manche bieten auch Obst und Gemüse, das nicht ganz so schön aussieht, zu günstigeren Preisen an.

2. In Agrar-Gemeinschaften organisieren

Agrar-Gemeinschaften sind eine tolle Möglichkeit, Obst und Gemüse in bester Qualität zu erhalten. Hierzulande ist dieses System immer mehr im Kommen. Mehrere Interessierte schließen sich dabei zusammen und bewirtschaften gemeinsam ein Feld und ernten dann zusammen die Produkte. Frischer kann man seine Lebensmittel nicht bekommen.

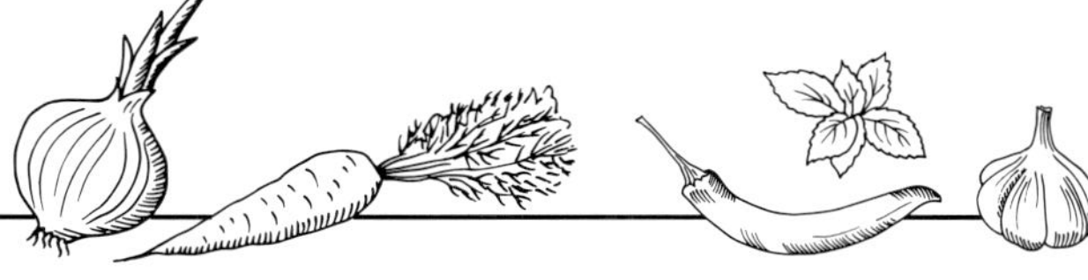

3. Online bei rollenden Gemüsekisten einkaufen

Rollende Gemüsekisten versorgen ihre Kunden mit frischem Obst, Gemüse und Kräutern. Im Vorfeld kann man meistens online aussuchen, welche Lebensmittel man in seiner Kiste haben möchte und am vereinbarten Tag wird sie dann vor die Haustüre geliefert. Das ist besonders für Menschen empfehlenswert, die wenig Zeit haben. In der Regel sind die Produkte erntefrisch. Im Internet kann man sich nach passenden Anbietern erkundigen.

4. Größere Mengen einkaufen und diese im Keller einlagern

Größere Mengen sind in der Regel immer billiger. Diese kann man sich zum Beispiel auch mit mehreren Menschen teilen und dann im Keller kühl lagern. Äpfel, Karotten, Kartoffeln, Kraut, Sellerie und viele andere Obst- und Gemüsesorten sind über viele Monate haltbar, wenn sie richtig gelagert werden.

5. Kräutergarten für die Küche

Es ist praktischer und günstiger, wenn man die Kräuter selbst anbaut, anstatt sie für teures Geld immer wieder im Supermarkt neu zu kaufen. Oregano, Minze, Rosmarin, Thymian, Basilikum, Schnittlauch, Petersilie und Sprossen sind ideale Kräuter für den Eigenanbau. Dafür sollte man ein Küchenfenster haben, das etwa vier bis fünf Stunden direktes Sonnenlicht hat. Ideal sind Temperaturen um die 20 Grad. Man kann die Kräuter entweder aus Samen selber ziehen oder die Pflanzen im Geschäft oder auf dem Markt kaufen. Am besten eignen sich Gefäße aus Terrakotta mit einem Loch unten im Topf, die man dann auf einen Untersetzer stellt. Achten Sie auf hochwertige Erde und auf eine gute Belüftung der Erde. Gießen Sie die Kräuter nicht zu oft, damit es keine Staunässe gibt und die Wurzeln nicht faulen.

6. Selbst anbauen

In jedem noch so kleinen Garten oder Balkon kann man selbst Kräuter, Obst und Gemüse – frei von Pestiziden – anbauen. Töpfe mit Kräutern, Kisten mit Sprossen, ein paar Tomatenpflanzen oder Beerensträucher haben meist überall Platz. Was gibt es Schöneres, als von der Sonne geküsste Erdbeeren und Tomaten gleich frisch vom Strauch zu essen?

7. Günstig in der Saison einkaufen, in der das Lebensmittel wächst

Am günstigsten sind saisonale Lebensmittel, die in der Gegend wachsen. Am Anfang der Saison ist das Produkt meist ein wenig teurer und wird dann immer billiger. Das ist die beste Zeit zum Einkaufen. Man kann auch nachfragen, ob man bei einem größeren Einkauf einen günstigeren Preis bekommst.

FRÜHLING

Jetzt sprießen wieder die grünen Blätter und genau diese bieten in den Frühlingsmonaten einen besonders hohen Nährstoffgehalt. Man denke nur an frischen Schnittlauch, Petersilie, Bärlauch, Spinat, Löwenzahn, Brennnessel und Brunnenkresse.

Diese haben auch eine wunderbar entschlackende Wirkung, was bestens zur Fastenzeit passt. Parallel dazu gibt es immer noch Wintergemüse wie Wurzel- und Knollengemüse sowie eingelagerte Äpfel und Birnen, aber diese haben nun bald ihren letzten Auftritt und machen der Fülle an frischem Grün Platz.

Ab April tauchen der langersehnte Spargel, frischer Rhabarber, knackige Frühlingssalate sowie die ersten Beeren in den Obst- und Gemüsetheken auf.

Spinat

sehr nährstoffreich, liefert Energie mit wenig Kalorien, viele sekundäre Pflanzenstoffe und Antioxidantien. Die enthaltenen Nitrate nähren die Mitochondrien in den Muskelzellen. Am besten immer in frischer Form konsumieren.

Sprossen

enthalten ein Vielfaches an Nährstoffen als die ausgewachsene Pflanze selbst. Brokkolisprossen enthalten z. B. viel mehr Vitamine und Mineralstoffe als der Brokkoli selbst. Sprossen eignen sich hervorragend, um Vitamine und Mineralstoffe im Körper aufzufüllen.

Wildkräuter und Gewürze

Mit Wildkräutern und Gewürzen lässt sich nicht nur der Geschmack im Essen verbessern und verändern, man kann auch die Vitalität steigern. Wildkräuter und Gewürze enthalten viele sekundäre Pflanzenstoffe, die vor Krankheiten schützen und heilende Wirkungen haben.

Saisonale Früchte und Kräuter

März

Freiland: Chicorée, Feldsalat, Spinat, Lauch/Porree, Pastinaken, Portulak, Rosenkohl

Gewächshaus: Champignons, Feldsalat, Kopfsalat, Radieschen, Rauke, Rhabarber, Sellerie

Lagerware: Äpfel, Chinakohl, Kartoffeln, Kürbis, Möhren, Rote Bete, Rotkohl, Schwarzer Winterrettich, Schwarzwurzeln, Stauden-Sellerie, Weiß- und Spitzkohl, Wirsing, Zwiebeln

April

Freiland: Chicorée, Feldsalat, Rhabarber, Morcheln, Portulak, Rauke, Spargel, Spinat

Gewächshaus: Blumenkohl, Champignons, Feldsalat, Frühlingszwiebeln, Kohlrabi, Kopfsalat, Mangold, Radieschen, Rauke, Sellerieknollen

Lagerware: Äpfel, Kartoffeln, Kürbis, Möhren, Pastinaken, Rote Bete, Rotkohl, Schwarzer Winterrettich, Stauden-Sellerie, Weiß- und Spitzkohl, Wirsing, Zwiebeln

Mai

Freiland: Batavia, Eichblattsalat, Endiviensalat, Feldsalat, Frühlingszwiebeln, Kohlrabi, Kopfsalat, Lollo rot/grün, Mangold, Morcheln, Radieschen, Rauke, Rhabarber, Spargel, Spinat, Spitzkohl, Wirsing

Gewächshaus: Auberginen, Blumenkohl, Champignons, Chinakohl, Eissalat, Endiviensalat, Erdbeeren, Fenchel, Kohlrabi, Kopfsalat, Mairüben, Möhren, Romanasalat, Salatgurken, Stauden-Sellerie, Tomaten

Lagerware: Äpfel, Kartoffeln, Möhren, Rotkohl, Weiß- und Spitzkohl, Zwiebeln

BÄRLAUCH

BÄRLAUCH-SALZ

Dazu 500 g grobes Meersalz und 50 g fein geschnittenen Bärlauch (vorher bitte waschen und gut trocknen) in einen Mixer geben und so lange mixen, bis sich Salz und Bärlauch gut vermischt haben. Die Masse auf ein Backblech verteilen und bei 50 Grad im Ofen ca. 2–3 Stunden trocknen. Idealerweise klemmt man einen Kochlöffel in die Tür des Ofens, sodass die Feuchtigkeit gut entweichen kann. Alternativ kann man das Bärlauch-Salz auch in einem Dörrgerät trocknen. Anschließend in dunkle Gläser abfüllen und kühl lagern.

Holunderblüten-Sirup

für 2 – 3 Flaschen

ZUTATEN:

2 Liter Wasser
1 kg Zucker
2 Bio-Zitronen in Scheiben geschnitten
25 große Holunderblüten-Dolden
(am besten in der Mittagssonne ernten)

ZUBEREITUNG:

Holunderblüten-Dolden waschen und gut trocknen lassen. Alle Zutaten außer Holunderblüten in einem großen Topf aufkochen lassen. Kurz köcheln lassen, damit sich der Zucker auflöst, schließlich die Holunderblüten hinzugeben und die Mischung abkühlen lassen. Den Topf abdecken und mindestens 48 Stunden ziehen lassen, je länger, desto intensiver wird der Geschmack. Nach ca. 48 Stunden die Blütendolden entfernen und die Flüssigkeit durch ein Mulltuch abgießen. Den Sirup nochmal 5 Minuten aufkochen. Wer den Sirup dickflüssiger haben möchte, lässt ihn so lange einkochen, bis er die gewünschte Konsistenz hat.

malen!
NOTIZEN

Frühling im Glas

ZUTATEN:

4 Äpfel
1 Handvoll Spinat
1 Handvoll Feldsalat
1 Handvoll Frühlingskräuter
(Löwenzahn, Gänseblümchen, Brennnessel)

ZUBEREITUNG:

Die Äpfel waschen, vierteln und nach Belieben das Kerngehäuse entfernen. Spinat, Feldsalat und Frühlingskräuter gründlich waschen. Alles in den Entsafter geben.

malen!
NOTIZEN

Grüne Bombe

ZUTATEN:

2 Handvoll Spinat
3 Äpfel
1 Glas Wasser
2 Handvoll Frühlingskräuter
wie z. B. Minze, Petersilie, Rucola
etwas Honig bei Bedarf

ZUBEREITUNG:

Die Äpfel waschen, vierteln und nach Belieben
das Kerngehäuse entfernen. Spinat und Frühlingskräuter
gründlich waschen. Äpfel, Spinat und Frühlingskräuter mit
dem Wasser in den Mixer geben und zu einem cremigen
Smoothie mixen.

malen!
NOTIZEN

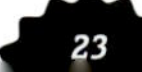

Waldmeister Bowle

ZUTATEN:

1 Bund frischer Waldmeister
1 Flasche Weißwein
1 Flasche Prosecco (gekühlt)
1 Flasche Mineralwasser mit Kohlensäure
2 Bio-Zitronen
6 EL Zucker

ZUBEREITUNG:

Den Weißwein in ein großes Bowleglas füllen. Einen großen Bund frisch gepflückten Waldmeister für mehrere Stunden in den Wein hängen. Zitronen in Scheiben schneiden und ebenfalls hinzugeben. Mit Zucker abschmecken, bis die gewünschte Süße erreicht ist. Kurz vor dem Servieren den gekühlten Prosecco und die Flasche Mineralwasser in das Bowleglas einfüllen. Eventuell nochmals abschmecken. Mit Eiswürfeln und frischer Minze servieren.

malen!
NOTIZEN

Frühlings-Suppe

Zutaten:

1 kleine Zwiebel
1/2 Knoblauchzehe
2 Pastinaken
4 Kartoffeln
200 g Champignons
1/2 Stange Lauch
1/2 Frühlingszwiebel

jeweils eine Prise Pfeffer, Salz,
Muskat, Kurkumapulver
100 ml Wasser
100 ml Weißwein
1 EL Gemüsebrühe-Pulver
1/2 Becher Sahne
2 Stängel Petersilie

ZUBEREITUNG:

Kartoffeln und Pastinaken schälen und klein schneiden. In Wasser gar kochen und mit etwas Kochwasser pürieren. Zwiebel und Knoblauch fein hacken und andünsten. Champignons und Lauch waschen. Champignons vierteln, Lauch in Streifen schneiden und zur Zwiebel und Knoblauch in die Pfanne geben und braun rösten. Mit dem Wein ablöschen. Dieses Gemisch zu den Pastinaken und Kartoffeln geben. Nochmals mit dem Stabmixer pürieren. Bei Bedarf noch mit etwas Wasser verdünnen. Sahne dazugeben und mit Salz, Pfeffer, Muskat, Kurkuma sowie Gemüsebrühe würzen. Frühlingszwiebel und Petersilie klein schneiden und die Suppe damit verzieren.

NOTIZEN
malen!

Spargel-Suppe mit Kresse

ZUTATEN:

3 Kartoffeln
10 Stangen weißer Spargel
1 Zwiebel
500 ml Gemüsebrühe
80 g Creme fraîche
1 Schuss Weißwein
3 EL Olivenöl
jeweils eine Prise Salz, Pfeffer, Muskat

ZUBEREITUNG:

Zwiebel fein hacken, Kartoffeln schälen und klein schneiden. Olivenöl in einem Topf erhitzen und dann die Zwiebeln und Kartoffeln kurz anbraten. Die Gemüsebrühe hinzugeben und kurz köcheln lassen. Spargel waschen und kleinschneiden.
Bis die Kartoffeln weich werden, in einer anderen Pfanne den Spargel anbraten und wenn er leicht angeröstet ist, mit Weißwein ablöschen. Den Spargel zu der Suppe geben und 5 Minuten köcheln lassen. Schließlich die Suppe vom Herd nehmen und mit einem Stabmixer pürieren. Mit Salz, Pfeffer und Muskat würzen. Dann Creme fraîche hinzugeben und nochmals pürieren.

NOTIZEN
malen!

Wildkräuter-Cremesuppe mit Ei

ZUTATEN:

2 Handvoll Bärlauch
(wahlweise auch Sauerampfer,
Brennnesselblätter, Löwenzahn, Giersch, Sauerklee oder
alle Kräuter gemischt)
1 Zwiebel
etwas Butter zum Anbraten
350 ml Gemüsebrühe
100 ml Sahne

100 g Kräuterschmelzkäse
1 Prise Salz
1 Prise Pfeffer
1 Prise Kurkumapulver
2 Eier (5 min gekocht)

zum Garnieren: Blüten von
Gänseblümchen, Stiefmütterchen, Löwenzahn oder Klee

ZUBEREITUNG:

Die Kräuter waschen, trockentupfen und kleinschneiden. Die Zwiebel fein hacken und in der Butter andünsten, die Kräuter dazugeben und kurz andünsten. Schließlich Kräuterschmelzkäse, Sahne
und Gemüsebrühe hinzufügen, umrühren und 10 Minuten köcheln
lassen. Mit dem Pürierstab alles zerkleinern, mit Salz, Pfeffer und
Kurkuma abschmecken. Mit den Eiern und Blüten garnieren.

malen!
NOTIZEN

Frühlings-Salat

mit Frühlingskräutern, Bärlauch und Spinat

ZUTATEN:

200 g Löwenzahn, Rauke,
Feldsalat, Kresse & Sprossen
10 Gänseblümchen
ein paar Stiefmütterchen-
und Schnittlauch-Blüten
6 Radieschen

DRESSING:

2 EL Olivenöl
2 EL Essig
3 EL Wasser
1 Prise Salz
1 Prise Pfeffer
1 EL Senf
2 EL Honig
1 EL gemischte Gartenkräuter
4 Stängel Petersilie
1/2 Bund Schnittlauch

ZUBEREITUNG:

Salat, Wildkräuter, Blüten, Sprossen und Radieschen gründlich waschen. Den Löwenzahn und die Rauke – falls nötig – in mundgroße Stücke schneiden. Die Radieschen in dünne Scheiben schneiden. Alle Zutaten des Dressings gut vermischen, zum Schluss die gehackte Petersilie und Schnittlauchröllchen dazugeben. Sie können das Dressing auch auf Vorrat mixen und am nächsten Tag wieder verwenden. Den Salat schön in einer Schüssel anrichten, Radieschen-Scheiben darüber geben und mit der Kresse und den Blümchen garnieren. Kurz vor dem Servieren das Dressing über den Salat geben.

malen!
NOTIZEN

Spargel-Erdbeer-Salat

ZUTATEN:

500 g Spargel
150 g Erdbeeren
1 Bund Rucola
1 Prise Salz
1 Prise Pfeffer
3 EL Sauce Hollandaise
1 EL weißer Balsamico
1 EL Olivenöl
zum Garnieren: Petersilie und Schnittlauchblüten

ZUBEREITUNG:

Spargel, Erdbeeren, Rucola, Petersilie und Schnittlauch waschen. Spargel schräg in ca. 5 cm lange Stücke schneiden und ca. 5 Minuten in Salzwasser kochen. Abtropfen lassen und mit halbierten Erdbeeren und Rucola auf einem Teller anrichten. Salzen und pfeffern. Die Sauce Hollandaise mit Balsamico und Olivenöl glatt rühren und über dem Salat verteilen. Mit Petersilie und Schnittlauchblüten garnieren.

malen!
NOTIZEN

Spargelsalat im Glas

ZUTATEN:

6 Radieschen
10 Blätter Salat
3 Kartoffeln
80 g Schinken
3 Eier
6 Stangen Spargel
50 g Kresse

DRESSING:

1 Prise Salz
1 Prise Pfeffer
2 EL Honig
1 EL Senf
1 EL weißer Balsamico
2 EL Olivenöl
3 EL Wasser
2 EL Creme fraîche
1 EL Küchenkräuter
2 Stängel Petersilie
1/2 Bund Schnittlauch

ZUBEREITUNG:

Spargel, Salat, Radieschen, Kresse und Kräuter waschen. Die Kartoffeln schälen. Kartoffeln, Spargel und Eier kochen. Die Kartoffeln und der Spargel sollten bissfest sein, die Eier hart. Die Radieschen in Scheiben schneiden, die Salatblätter zerkleinern, die gekochten Kartoffeln würfeln, den Schinken klein schneiden, die Eier würfeln und den Spargel in 4 cm lange Stücke schneiden. Alles nacheinander in ein Glas füllen. Oben die Kresse garnieren. Für das Dressing werden alle Zutaten gut vermischt und danach die kleingehackte Petersilie sowie Schnittlauch verrührt. Kurz vor dem Servieren das Dressing über den Salat geben.

malen!
NOTIZEN

Feldsalat

mit Ziegenkäse, Walnüssen und Rote Bete

ZUTATEN:

150 g Feldsalat
2 Stück runder Ziegenkäse
(Geschmacksrichtung Honig,
falls möglich)
12 Walnüsse
etwas Butter
1/4 Rote Bete

DRESSING:

1 EL Senf
2 EL Honig
1 EL Olivenöl
2 TL Balsamico-Essig
2 EL Wasser
2 EL Sahne
1 Prise Salz
1 Prise Pfeffer
1 Prise Chili
1 EL Küchenkräuter

ZUBEREITUNG:

Den Feldsalat waschen und auf Tellern anrichten.
Die Walnüsse grob hacken und in Butter anrösten.
Von der Roten Bete die Schale entfernen und fein raspeln.
Den Ziegenkäse kurz anbraten. Den warmen Ziegenkäse auf
den Feldsalat geben und mit den gerösteten Walnüssen und der
geraspelten Roten Bete garnieren. Alle Zutaten des Dressings
glatt rühren und zum Schluss über den Salat geben.

malen!
NOTIZEN

Frühlingskräuter-Butter

ZUTATEN:

250 g Butter
jeweils ein Bund Schnittlauch,
Bärlauch und Petersilie
Saft einer halben Zitrone
1 Prise Salz
1 Prise Pfeffer

ZUBEREITUNG:

Die weiche Butter mit der Gabel zerdrücken. Den Saft einer halben Zitrone auspressen und zu der Butter geben. Schnittlauch, Bärlauch und Petersilie fein schneiden und ebenfalls zur Butter geben. Alles mit einer Gabel gut durchmischen. Mit Salz und Pfeffer würzen.

malen!
NOTIZEN

Bärlauch-Schafskäse

ZUTATEN:

200 g Schafskäse
100 g Frischkäse
2 Bund Bärlauch
3 EL Zitronensaft
1 Prise Salz
1 Prise Pfeffer

ZUBEREITUNG:

Den Schafskäse mit dem Frischkäse in einem Mixer oder mit dem Handrührgerät zu einer cremigen Masse mixen. Den Bärlauch ganz fein schneiden und zu der Schafskäse-Masse dazugeben. Mit dem Zitronensaft, Salz und Pfeffer würzen. Bei Bedarf noch etwas Wasser dazugeben.

malen!

NOTIZEN

Bärlauch-Nuss-Pesto

ZUTATEN:

2 Bund Bärlauch
100 g Mandeln, Nüsse,
Samen nach Belieben
(z.B. Haselnüsse, Walnüsse,
Hanfsamen)
60 g Parmesan
150 ml Olivenöl

1 Spritzer Zitronensaft
1 Prise Salz
1 Prise Pfeffer
1 Prise Chili

optional: Schnittlauch,
Petersilie, Basilikum

ZUBEREITUNG:

Den Bärlauch waschen, trockentupfen und fein hacken.
Die Mandeln, Nüsse und Samen mahlen, sie sollten aber noch
Biss haben. Den Parmesan fein reiben. Bärlauch, Mandel-Nuss-
Masse, Parmesan und das Olivenöl gut miteinander vermi-
schen und mit dem Salz, Pfeffer, Zitronensaft und Chili würzen.
Bei Bedarf kann man auch noch etwas gehackten Schnittlauch,
Petersilie und Basilikum dazugeben.

malen!
NOTIZEN

Radieschen-Frühlingsquark

mit Schnittlauch

ZUTATEN:

10 Radieschen
200 g Frischkäse
1 Bund Schnittlauch
1 Spritzer Zitronensaft
1 EL Senf oder Meerrettich
1 Prise Salz
1 Prise Pfeffer

ZUBEREITUNG:

Radieschen reinigen und in kleine Würfel schneiden. Den Frischkäse mit Salz, Pfeffer, Zitronensaft sowie Senf oder Meerrettich würzen. Schnittlauch waschen, klein schneiden und ebenfalls dazugeben. Schließlich die Radieschenwürfel unterrühren. Schmeckt super zu frisch gebackenem Brot.

NOTIZEN

Bärlauch-Gnocchis

ZUTATEN:

400 g Gnocchis
1/2 Bund Bärlauch
4 EL Kräuter-Schmelzkäse
oder Kräuter-Frischkäse
50 ml Wasser
50 ml Weißwein
60 g geriebener Parmesan

1 Prise Salz
1 Prise Pfeffer
1 TL Gemüsebrühe-Pulver
1 Prise Kurkumapulver
10 Haselnüsse
2 Stängel Petersilie

ZUBEREITUNG:

Die Gnocchis in Salzwasser abkochen. Bärlauch und Petersilie waschen und klein hacken. Für die Soße den Kräuter-Frischkäse mit Wasser und Weißwein in einen Topf geben, erwärmen und gut verrühren. Parmesan reiben und dazugeben. Mit Salz, Pfeffer, Gemüsebrühe und Kurkuma abschmecken. Zum Schluss den fein gehackten Bärlauch und die Petersilie in die Soße geben. Anschließend die Gnocchis dazugeben und gut vermischen. Auf dem Teller mit gehackten Haselnüssen garnieren.

malen!
NOTIZEN

Spargel
mit Bärlauch-Hollandaise

ZUTATEN:

500 g Spargel
1/2 Bund Bärlauch
120 g Butter
2 Eigelbe
1 Spritzer Zitronensaft
1 Prise Salz
1 Prise Pfeffer
2 EL Creme fraîche

ZUBEREITUNG:

Den Spargel in Salzwasser kochen. Den Bärlauch waschen und fein hacken. Die Butter in einem Topf bei mäßiger Hitze schmelzen lassen. Die Eigelbe mit Zitronensaft, Salz, Pfeffer und Creme fraîche in einem Rührbecher zu einer glatten Masse verrühren und danach unter Rühren in die warme Butter geben. Gut vermischen und danach den gehackten Bärlauch unterrühren. Den gekochten Spargel auf einem Teller mit der Sauce Hollandaise anrichten. Passt gut zu Kartoffeln, Schinken, Kassler und Lachs.

malen!
NOTIZEN

Risotto

mit Frühlingskräutern, Bärlauch und Spinat

ZUTATEN:

200 g Risottoreis
1 Zwiebel
50 g Spinat
50 g Bärlauch
2 Süßkartoffeln
4 EL Olivenöl
300 ml Gemüsebrühe
(bei Bedarf mehr)
200 ml Weißwein
2–3 EL Frühlingskräuter
(z.B. Petersilie, Rucola)
60 g Parmesan
1 Prise Salz
1 Prise Pfeffer
1 Prise Kurkumapulver
ein kleines Stück Butter
(etwa 30 g)

ZUBEREITUNG:

Die Süßkartoffeln schälen und würfeln. In eine Ofenform geben und mit 2 EL Olivenöl sowie einer Prise Salz und Pfeffer vermischen. Bei 180 Grad im Backofen ca. 20 Minuten goldbraun rösten. Den Bärlauch, Spinat und Kräuter waschen, trocknen und grob hacken. Den Parmesan reiben. Die Zwiebel fein hacken und in Olivenöl andünsten. Den Risottoreis dazugeben, anschwitzen lassen und dann mit Gemüsebrühe ablöschen. Den Reis unter ständigem Rühren und der Zugabe von Gemüsebrühe leicht köcheln lassen. Sobald der Reis bissfest ist, nochmals mit dem Wein ablöschen. Nun die fertigen Süßkartoffeln, Parmesan, Butter und Kräuter dazugeben und mit Salz, Pfeffer, Kurkuma und eventuell noch ein wenig Gemüsebrühe-Pulver abschmecken.

malen!
NOTIZEN

Gefüllte Pfannkuchen
mit Spargel und Frühlingskräutern

ZUTATEN:

4 Eier
6 gehäufte EL Mehl
1 TL Backpulver
1 Prise Salz
100 ml Mineralwasser
100 ml Milch
etwas Butter
100 g Schinken
250 g Spargel
1–2 EL Frühlingskräuter wie
Schnittlauch und Petersilie
3 Eier
4 EL Creme fraîche
1 Prise Salz
1 Prise Pfeffer
1 Spritzer Zitronensaft
1 TL Senf
ein paar Blätter Babyspinat

ZUBEREITUNG:

Die Eier, Mehl, Backpulver, Salz, Milch und Mineralwasser zu einer glatten Masse verrühren. In Butter nacheinander in einer Pfanne 4 bis 6 Pfannkuchen herausbacken. Den Spargel bissfest kochen. Die 3 Eier ebenfalls kochen, bis sie hart sind. Die gekochten Eier klein würfeln und in einer Schüssel mit Creme fraîche, Senf, Zitronensaft, Salz und Pfeffer verrühren. Schnittlauch und Petersilie fein hacken und zu dem Eier-Gemisch geben. Schinken auf den Pfannkuchen verteilen, die Eiersoße darüber geben und je 2 Stangen Spargel darauflegen. Nun die Pfannkuchen aufrollen. Vorsichtig in Stücke schneiden und mit den Babyspinat-Blättern sowie Kräutern garnieren.

malen!
NOTIZEN

Frühlingsgemüse-Eintopf

ZUTATEN:

1 Zwiebel	100 g Hörnchen-Nudeln
Butter zum Anbraten	20 g geriebener Parmesan
1 Karotte	2 EL Gemüsebrühe-Pulver
1 kleine Zucchini	500 ml Wasser
1 Kohlrabi	Petersilie fein gehackt
100 g Erbsen	1 Prise Pfeffer
1/2 Stange Lauch	1 Prise Salz

ZUBEREITUNG:

Die Zwiebel schälen und fein hacken, Karotte und Zucchini waschen und in Scheiben schneiden. Den Kohlrabi schälen und würfeln. Den Lauch ebenfalls waschen und in Stücke schneiden. Den Parmesan fein reiben. Die Petersilie waschen und fein hacken. Nun die Zwiebel in Butter anschwitzen. Karotte, Zucchini, Kohlrabi, Erbsen und Lauch dazugeben und kurz andünsten. Mit Wasser ablöschen und das Gemüsebrühe-Pulver dazugeben. Die Nudeln ebenfalls in den Topf geben. Alles bei schwacher Hitze 10 Minuten köcheln lassen. Mit Salz und Pfeffer abschmecken. Vor dem Servieren den Parmesan und die Petersilie über die Suppe geben.

malen!
NOTIZEN

Flammkuchen

HEFETEIG:

400 g Mehl
1/2 Würfel frische Hefe
4 EL Olivenöl
1 TL Salz
300 ml Wasser

BELAG:

150 g Schmand
150 g Creme fraîche
200 g Speck oder Schinken
3 Zwiebeln
1 Prise Salz
1 Prise Pfeffer
1 Prise Muskat
1 Bund Schnittlauch

ZUBEREITUNG:

Für den Hefeteig 400 g Mehl in eine Schüssel geben. 4 EL Olivenöl und Salz dazugeben. 300 ml warmes Wasser abmessen, darin den halben Hefewürfel auflösen und ebenfalls zur Mehl-Mischung dazugeben. Den Teig gut verkneten und 1–2 Stunden an einem warmen Ort gehen lassen. Danach den Hefeteig mit Mehl dünn ausrollen. Schmand und Creme fraîche in einer Schüssel gut verrühren und mit Salz, Pfeffer und Muskat würzen. Auf dem Teig verteilen.

Die Zwiebeln in feine Ringe schneiden, den Speck bzw. Schinken in Streifen und den Schnittlauch ebenfalls klein schneiden. Die Zwiebeln und den Speck großzügig auf dem Teig verteilen. 20 bis 25 Minuten bei 180 Grad backen. Vor dem Servieren die Schnittlauchröllchen auf dem Flammkuchen verteilen.

Der Flammkuchen kann auch mit anderen Zutaten wie Frühlingszwiebeln, gekochten Kartoffeln, Tomaten, Paprika, getrockneten Tomaten und Parmesan belegt werden.

VARIANTE:

• Frühlingszwiebeln
• gekochte Kartoffeln
• Tomaten
• Paprika
• getrocknete Tomaten
• Parmesan

malen!
NOTIZEN

Muffins mit Erdbeer-Topping

für 12 Muffins

TEIG:

250 g Mehl
150 g Zucker
1 Paket Vanillezucker
3 TL Kakao
2 TL Backpulver
1 Prise Salz
3 Eier
100 g Butter
100 g Zartbitterschokolade
100 ml Milch
etwas Butter zum Einfetten

TOPPING:

250 g Mascarpone
100 g Butter
150 g Erdbeeren
1 Spritzer Zitronensaft
1 Paket Vanillezucker
200 g Puderzucker

ZUBEREITUNG:

Das Muffinsblech mit Butter einfetten. Die Butter in einen Topf geben und bei schwacher Hitze zerlassen. Vom Herd nehmen und darin die Schokolade auflösen. Die Eier in eine Rührschüssel geben und mit Zucker und Vanillezucker verrühren. Den Kakao und das Salz dazugeben. Das Butter-Schokoladengemisch ebenfalls hinzugeben und gut verrühren.

Das Mehl und Backpulver über den Teig sieben und wiederum gut verrühren. Zum Schluss die Milch unter den Teig rühren. Den Teig in die Muffinsform füllen und ca. 20 Minuten backen. Für das Topping werden die Erdbeeren gewaschen und mit dem Zitronensaft fein püriert. Die Erdbeeren mit Vanillezucker, Puderzucker, Mascarpone und Butter zu einer glatten Masse verrühren. Das Topping in den Kühlschrank stellen und kühlen. Nachdem die Muffins gut ausgekühlt sind, das Topping in einen Spritzbeutel füllen und die Muffins damit verzieren. Bis zum Verzehr kühl stellen.

NOTIZEN
malen!

Erdbeeren mit Minzpesto

ZUTATEN:

250 g Erdbeeren
1 Bund Minze
Saft von einer Limette
Honig und brauner Zucker
je nach gewünschter Süße

ZUBEREITUNG:

Minze gründlich waschen und im Standmixer fein
zerkleinern. Die Limette auspressen und zu dem Minzpesto
hinzufügen. Schließlich den Honig und etwas braunen Zucker
unterrühren, bis die gewünschte Süße erreicht ist.
Mit den frischen Erdbeeren servieren.

malen!
NOTIZEN

Rhabarber-Himbeer-Crumble

ZUTATEN:

2 Stangen Rhabarber
200 g Himbeeren
12 EL Mehl
6 EL Zucker
100 g Butter
1 Paket Vanillezucker
1 EL Mandelblättchen

ZUBEREITUNG:

Den Rhabarber waschen, klein schneiden und in eine runde Porzellanform geben. Die Himbeeren ebenfalls waschen und auf dem Rhabarber verteilen. Den Vanillezucker auf dem Obst verteilen. Ein paar Himbeeren zur Seite stellen. Für die Streusel die Butter in einem Topf bei schwacher Hitze zerlaufen und kurz anbräunen lassen. Butter in einen Topf geben und mit dem Mehl und dem Zucker zu Streuseln verarbeiten. Die Streuseln auf dem Obst verteilen. Mit Mandelblättchen verzieren. Bei 180 Grad ca. 20 Minuten backen. Vor dem Servieren mit frischen Himbeeren verzieren.

NOTIZEN
malen!

Holunderblütencreme mit Erdbeeren

ZUTATEN:

6 EL Holunderblütensirup
100 g Frischkäse
150 g Magerquark
1 Becher Schlagsahne
2 Päckchen Vanillezucker
2 EL Zitronensaft
200 g Erdbeeren
2 Stängel Minze zum Verzieren

ZUBEREITUNG:

Die Erdbeeren waschen und mit 1 EL Zitronensaft und 1 Päckchen Vanillezucker fein pürieren. Kurz kühl stellen. Die Schlagsahne mit Vanillezucker steif schlagen. Danach den Frischkäse, Magerquark und Holunderblütensirup vorsichtig unterheben und glatt rühren. Die Creme in Gläser füllen und das Erdbeer-Püree darüber geben. Gut kühlen. Mit frischen Minzblättern verzieren.

malen!
NOTIZEN

SOMMER

Ab Juni werden wir mit einer Fülle an köstlichen Beeren verwöhnt – Erdbeeren und Himbeeren machen den Anfang, weiter geht es mit Stachel- und Johannisbeeren sowie Blaubeeren. In den Sommermonaten kann es auf den Tellern gar nicht langweilig werden, denn die Fülle an frischem Obst und Gemüse hat nun ihren Höhepunkt erreicht. Nach dem August verabschieden sich einige Sorten schon wieder. Wer also gerne Früchte und Gemüse einkocht oder einlegt, sollte sich nun beeilen.

In der warmen Jahreszeit sind frische, kühlende Früchte wie Erdbeeren, Äpfel, Pfirsiche oder Wassermelonen ideal, um den Körper von innen heraus auf natürliche Weise zu kühlen. Bei den Kräutern ist die Pfefferminze dafür sehr beliebt.

BLÜTEN & FRÜCHTE

DEKORATIVE EISWÜRFEL

Im Sommercocktail oder in der Wasserkaraffe sehen Eiswürfel mit Früchten und Blüten besonders schön und dekorativ aus. Hierfür benötigen Sie eine Eiswürfel-Form, Blüten und kleine Früchte. Als Blüten eignen sich beispielsweise Rosenblätter, Lavendelblüten, kleine Stiefmütterchen, Gänseblümchen oder Veilchenblüten. Aber auch Kräuter wie kleine Rosmarinzweige, Minzblätter oder Zitronenmelisse sehen hübsch aus. Als Früchte sind Himbeeren, Blaubeeren, Erdbeeren, Johannisbeeren oder Brombeeren ideal geeignet. Die Eiswürfelform befüllen Sie mit Wasser und geben anschließend eine Blüte, kleine Kräuterstängel oder eine Frucht in jedes Förmchen. Gefrieren lassen und dann die Getränke damit verschönern.

Besonders nährstoffreiche Lebensmittel

Himbeeren

sie beinhalten Antioxidantien, die freie Radikale im Körper unschädlich machen, stärken das Immunsystem und regen den Stoffwechsel an. Sie wirken entzündungshemmend, blutreinigend und harntreibend.

Blaubeeren

Wie die meisten dunklen Beeren enthalten Blaubeeren viele Antioxidantien und sind richtige Mini-Nährstoff-Bomben. Sie schützen die Blutgefäße, stärken das Bindegewebe und haben eine positive Wirkung bei Entzündungen.

Tomaten

die Powerfrüchte liefern viele Vitamine, Mineralstoffe und Lycopen, ein starkes Antioxidans und gutes Anti-Aging-Mittel. Tomaten sind leberreinigend, stabilisieren den Blutdruck und sind ein natürliches Sonnenschutzmittel.

Kohl

Kohlarten wie Brokkoli und Blumenkohl: stärken das Immunsystem, wirken gegen Entzündungen im Körper und unterstützen Heilungsprozesse. Kohl in Form von Saft getrunken eignet sich sehr gut für die Verdauung, denn er unterstützt den Magen und die Bauchspeicheldrüse. Wirken auch blutreinigend.

Saisonale Früchte und Kräuter

Juni

Freiland: Batavia, Blumenkohl, Brokkoli, Dicke Bohnen, Eichblattsalat, Eisbergsalat, Endiviensalat, Erbsen, Erdbeeren, Feldsalat, Frühlingszwiebeln, Johannisbeeren, Kirschen, Kartoffeln, Kohlrabi, Kopfsalat, Porree/Lauch, Lollo rot/grün, Mairüben, Mangold, Möhren, Pfifferlinge, Radicchio, Radieschen, Rauke, Rhabarber, Romanasalat, Rotkohl, Salatgurke, Spargel, Busch- und Stangenbohnen, Spitz- und Weißkohl, Stachelbeeren, Wirsing, Zwiebeln

Gewächshaus: Auberginen, Champignons, Chinakohl, Fenchel, Himbeeren, Paprika, Salatgurken, Stauden-Sellerie, Tomaten

Juli

Freiland: Aprikosen, Batavia, Blumenkohl, Brokkoli, Brombeeren, Dicke Bohnen, Eichblattsalat, Einlegegurken, Eisbergsalat, Endiviensalat, Erbsen, Erdbeeren, Feldsalat, Frühlingszwiebeln, Heidelbeeren, Himbeeren, Johannisbeeren, Kartoffeln, Kirschen, Kohlrabi, Kopfsalat, Porree/Lauch, Lollo rot/grün, Mairüben, Mangold, Mirabellen, Möhren, Pfifferlinge, Pfirsiche, Pflaumen, Portulak, Radicchio, Radieschen, Rauke, Rettich, Romanasalat, Rotkohl, Salatgurken, Stachelbeeren, Busch- und Stangenbohnen, Stauden-Sellerie, Tomaten, Weißkohl, Wirsing, Zucchini, Zwetschgen, Zwiebeln

August

Freiland: Äpfel, Aprikosen, Auberginen, Batavia, Birnen, Blumenkohl, Brokkoli, Brombeeren, Chinakohl, Dicke Bohnen, Eichblattsalat, Einlegegurken, Eisbergsalat, Endiviensalat, Erbsen, Erdbeeren, Feldsalat, Frühlingszwiebeln, Heidelbeeren, Himbeeren, Johannisbeeren, Kartoffeln, Kirschen, Kohlrabi, Kopfsalat, Kürbis, Porree/Lauch, Lollo rot/grün, Mairüben, Mangold, Mirabellen, Möhren, Paprika, Pastinaken, Pfifferlinge, Pfirsiche, Pflaumen, Portulak, Radicchio, Radieschen, Rauke, Rettich, Romanasalat, Rotkohl, Salatgurken, Stachelbeeren, Stangenbohnen, Stauden-Sellerie, Trauben, Tomaten, Wassermeloner, Weißkohl, Wirsing, Zucchini, Zuckermais, Zwetschgen, Zwiebeln

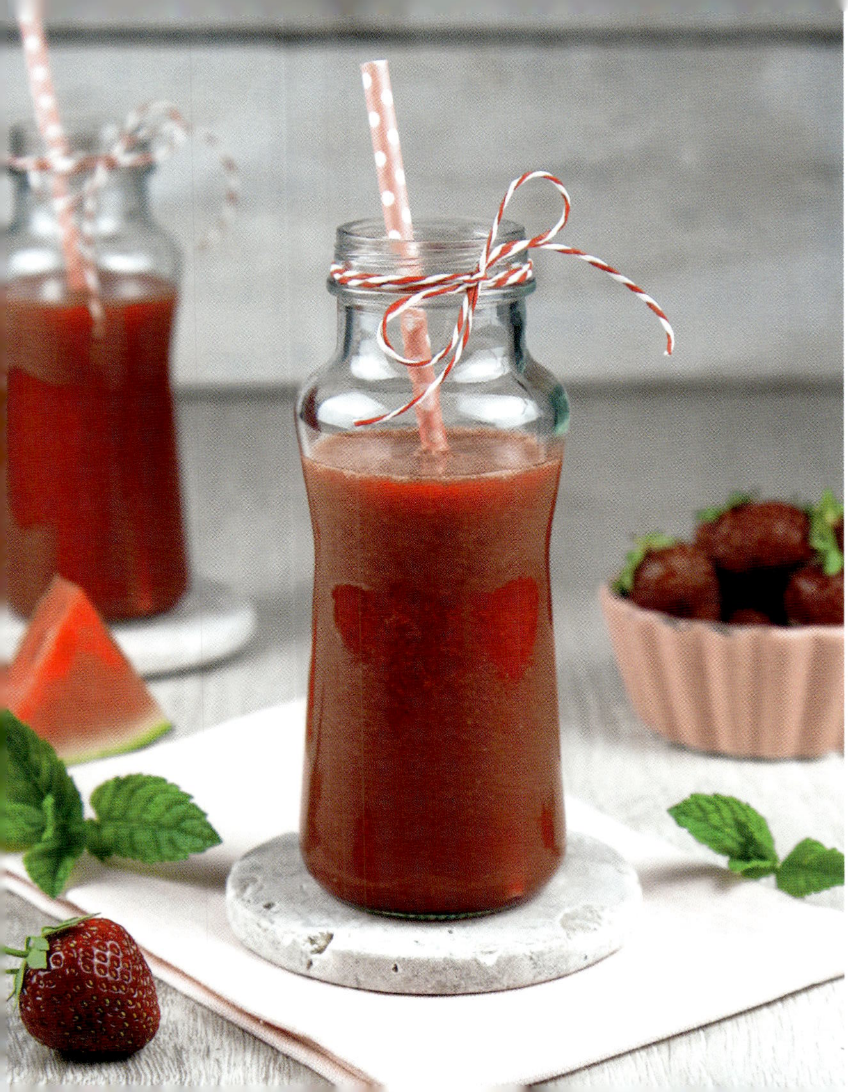

Melonen-Erdbeer-Minze-Saft

für 2 Gläser

ZUTATEN:

1/4 Melone
200 g Erdbeeren
2 Stängel Minze

ZUBEREITUNG:

Erdbeeren und Minzblätter waschen.
Melone halbieren und das Fruchtfleisch herauslösen.
Alles in den Entsafter geben.

malen!
NOTIZEN

Smoothie-Bowl mit Beeren

ZUTATEN FÜR 2 SMOOTHIE BOWLS:

250 g Erdbeeren
250 g Himbeeren
250 g Johannisbeeren
(alternativ Blaubeeren)
1/2 Zitrone

ZUBEREITUNG:

Beeren gründlich waschen, ein paar Beeren zum Garnieren zur Seite legen. Von der Zitrone die Schale entfernen und gemeinsam mit den Beeren in einem Mixer zerkleinern bis eine Smoothie-Konsistenz entsteht. Smoothie in eine Schüssel geben und mit ein paar Beeren garnieren.

malen!
NOTIZEN

Lavendel-Limo mit Zitrone

ZUTATEN:

2 Zweige Lavendel
1 Zitrone
2 Gläser Wasser (alternativ: Kokoswasser)
2 TL Honig

ZUBEREITUNG:

Von der Zitrone die Schale entfernen und vierteln. Honig in Wasser auflösen. Lavendel waschen. Alles zusammen in einen Entsafter geben.

ALTERNATIVE:

Zitrone auspressen und mit dem Wasser und Honig vermischen. Den Lavendel dazugeben und für einige Zeit ziehen lassen.

NOTIZEN
malen!

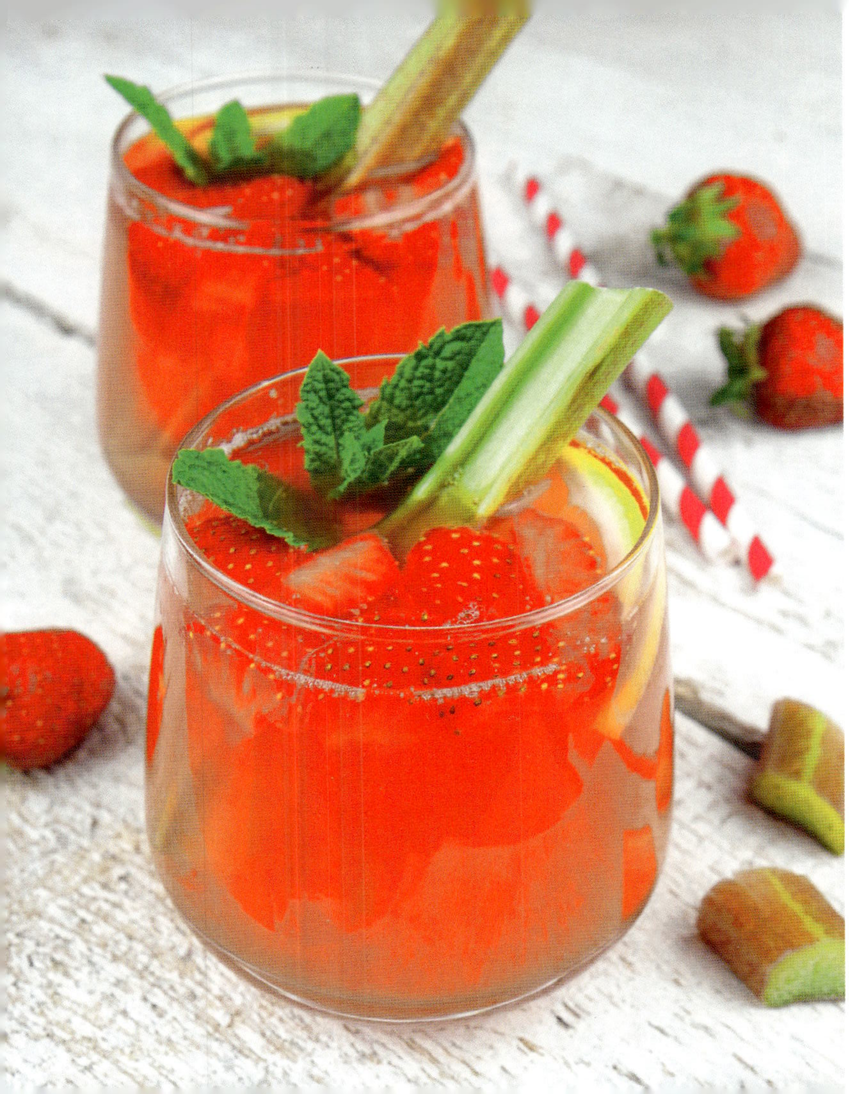

Rhabarber-Saft

ZUTATEN:

4 Stangen Rhabarber
250 g Erdbeeren
1/2 Zitrone
1 Liter Wasser

ZUBEREITUNG:

Den Rhabarber waschen und klein schneiden. Die Erdbeeren waschen, den Stiel entfernen und halbieren. Von der Zitrone die Schale entfernen und vierteln. Rhabarber, Erdbeeren und Zitrone mit dem Wasser zum Kochen bringen, etwas köcheln und ziehen lassen und dann durch ein Sieb in heiß ausgespülte Flaschen abfüllen.

malen!
NOTIZEN

Erdbeer-Limes

ZUTATEN:

für 3 Flaschen

1,5 kg Erdbeeren
1 Flasche Wodka
500 g Zucker
600 ml Wasser
200 ml Zitronensaft

ZUBEREITUNG:

Die Erdbeeren waschen, Stiele entfernen und im Mixer pürieren. Zucker in Wasser auflösen und aufkochen lassen. Zitronensaft, Erdbeerpüree und Wodka hinzufügen und kurz köcheln lassen. In Flaschen abfüllen und im Kühlschrank lagern.

malen!
NOTIZEN

Energy-Wasser

ZUTATEN:

1 unbehandelte Zitrone
eine Handvoll Erdbeeren
eine Handvoll Himbeeren
2 Stängel Lavendel
2 Nektarinen
2 Stängel Minze
Wasser

ZUBEREITUNG:

Beeren, Nektarinen, Zitrone, Lavendel und Minze waschen. Die Zitrone in Scheiben schneiden. Von der Nektarine zwei Scheiben abschneiden und 2 Herzen ausstechen, den Rest in Würfel schneiden. Nun die Erdbeeren, Himbeeren, Nektarinen, Zitronenscheiben und Lavendelzweige in ein Glas schichten. Das Nektarinenherz an der Vorderseite des Glases platzieren. Das Glas randvoll mit Obst füllen und dann mit Wasser auffüllen. Im Kühlschrank für 2–3 Stunden ruhen lassen. Mit Minze servieren.

malen!
NOTIZEN

Grüner Saft
mit Stachelbeeren

für 2 Gläser

ZUTATEN:

4 grüne Äpfel
250 g Stachelbeeren
1/2 Zitrone
1 Stängel Minze
1 kleines Glas Wasser

ZUBEREITUNG:

Äpfel, Stachelbeeren und Minze waschen. Von den Äpfeln bei Bedarf das Kerngehäuse entfernen. Von der Zitrone die Schale entfernen und vierteln. Äpfel, Stachelbeeren, Zitrone, Minze und Wasser in einen Entsafter geben oder im Mixer zu einem Smoothie verarbeiten.

malen!
NOTIZEN

Tomatensuppe

ZUTATEN:

500 g Tomaten
(verschiedene Sorten)
2 Schalotten
3 EL Tomatenmark
1 kleiner Stängel Thymian
2 Stängel Petersilie
1 Prise Meersalz

1 TL Gemüsebrühe-Pulver
(optional)
1 Prise Pfeffer
1 Prise Chili
2 EL Olivenöl
2 EL Creme fraîche

ZUBEREITUNG:

Tomaten waschen, blanchieren und im Mixer oder mit dem Pürierstab pürieren. Von den Schalotten die Schale entfernen und in kleine Würfel schneiden. Die Schalotten in Olivenöl anrösten. Dann das Tomatenpüree hinzugeben und kurz köcheln lassen. Das Tomatenmark ebenfalls hinzugeben.
Mit Salz, Gemüsebrühe, Pfeffer und Chili würzen. Petersilie und Thymian waschen und klein schneiden. Creme fraîche in die Suppe rühren und mit Petersilie und Thymian garnieren.

malen!
NOTIZEN

Brokkoli-Blumenkohl-Suppe

mit Kresse

ZUTATEN:

300 g Blumenkohl
300 g Brokkoli
2 Schalotten
1 Prise Salz
1 Prise Pfeffer
1 Prise Muskat
1 Prise Kurkumapulver

1 TL Gemüsebrühe-Pulver
2 Stängel Petersilie
1/2 Becher Sahne
2 EL Creme fraîche
etwas Kresse zum Garnieren
etwas Wasser

ZUBEREITUNG:

Blumenkohl und Brokkoli waschen und in kleine Röschen brechen. Kurz dämpfen und mit etwas Kochwasser pürieren. Die Schalotten schälen und in kleine Würfel schneiden. Die Zwiebeln anbraten und dann das Blumenkohl-Brokkoli-Püree hinzugeben. Mit Salz, Pfeffer, Muskat, Kurkuma und Gemüsebrühe würzen. Die Petersilie klein hacken und zur Suppe geben. Zum Schluss die Sahne und Creme fraîche unterrühren und mit Kresse garnieren

malen!
NOTIZEN

Melonen-Gurken-Suppe

ZUTATEN:

3 kleine Gartengurken
1/4 Wassermelone
1 Stängel Minze
1 EL Himbeeressig
1 Prise Salz
1 Prise Pfeffer

ZUBEREITUNG:

Die Gurken waschen und in Stücke schneiden. Minze ebenfalls
waschen. Fruchtfleisch aus der Melone lösen und in kleine
Stücke schneiden. Gurken, Melone und Minze mit dem Mixer
oder dem Pürierstab fein pürieren oder in den Entsafter geben.
Danach mit Himbeeressig, Pfeffer und Salz würzen.
Ideal als kalte Erfrischung an heißen Sommertagen.

malen!
NOTIZEN

Bohnen-Salat

mit Tomaten und Ziegenkäse

ZUTATEN:

300 g Bohnen
1 Schalotte
10 Cocktailtomaten
2 runde Portionen Ziegenkäse

DRESSING:

2 EL Balsamicocreme
2 EL Wasser
2 EL Olivenöl
1 TL Senf
1 TL Honig
je 1 Prise Salz und Pfeffer
1 Prise Chili
1 TL gemischte Gartenkräuter
etwas Dill zum Garnieren

ZUBEREITUNG:

Die Bohnen in Salzwasser dämpfen und danach abgießen. Tomaten und Dill waschen und klein schneiden. Die Schalotte ebenfalls klein schneiden. Die Bohnen mit den Schalotten und Tomaten auf einem Teller anrichten, den Ziegenkäse zerkleinern und darüber geben. Für die Soße die Balsamicocreme mit Wasser, Olivenöl, Senf, Honig, Salz, Pfeffer, Chili und Gartenkräuter verrühren und über den Salat verteilen. Mit Dill garnieren.

malen!
NOTIZEN

Sommersalat mit Blüten

ZUTATEN:

2 Handvoll Salat (Rucola,
Löwenzahn, Kopfsalat, Batavia, Eisberg- o. Endiviensalat)
4 – 6 Kapuzinerblüten
2 Stängel Lavendel
8 Gänseblümchen
10 Erdbeeren
1/4 Galiamelone
10 gelbe Cocktailtomaten
1/2 Bund Schnittlauch
ein paar Rosenblätter

DRESSING:

3 EL Balsamicocreme
2 EL Wasser
2 EL Olivenöl
1 TL Senf
1 TL Honig
je 1 Prise Salz, Pfeffer, Chili
1 TL gemischte Gartenkräuter

ZUBEREITUNG:

Salatblätter, Kräuter, Blüten,
Erdbeeren und Tomaten wa-
schen. Die Salatblätter in einer
Schale anrichten. Die Tomaten
und Erdbeeren halbieren und
zum Salat geben. Aus der Galiamelone Kugeln herauslösen
und ebenfalls zum Salat geben. Mit den Gänseblümchen,
Rosenblättern, Kapuziner-
blüten und Lavendelzweigen
garnieren. Für das Dressing
die Balsamicocreme mit Wasser, Olivenöl, Senf, Honig, Salz,
Pfeffer, Chili und Gartenkräutern verrühren und über den
Salat verteilen. Schnittlauch
klein schneiden und großzügig über dem Salat verteilen.

malen!
NOTIZEN

Salat im Glas

mit Sommergemüse

ZUTATEN:

100 g Erbsen
1 Schalotte
8 Cocktailtomaten
100 g Mais
100 g Bohnen
1/2 rote Paprika
8 Blätter Salat

DRESSING:

1 EL Senf
2 EL Olivenöl
2 EL Essig
2 EL Wasser
1 EL Honig
1 Prise Salz und Pfeffer
1 Prise Chili
1 TL Gartenkräuter
1/2 Bund Schnittlauch

ZUBEREITUNG:

Die Erbsen, Bohnen und den Mais (bei Bedarf aus der Dose/Glas verwenden) dämpfen. Die Schalotte klein hacken. Die Tomaten, Paprika, Bohnen und die Salatblätter ebenfalls klein schneiden. Nun das Gemüse in das Glas schichten – Erbsen, Tomaten, Mais, Bohnen, Paprika und Salat.

Die Schalotte locker untermischen. Für die Salatsoße Senf, Olivenöl, Essig, Wasser, Honig, Salz, Pfeffer, Chili und Gartenkräuter vermischen.

Den Schnittlauch waschen und kleinschneiden und unter die Salatsoße mischen. Die Salatsoße kurz vor dem Servieren über den Salat geben.

malen!
NOTIZEN

Blüten-Pesto

ZUTATEN FÜR EIN GLAS PESTO:

100 g Nuss- und Samenmischung aus
Walnüssen, Haselnüssen, Hanfsamen, Leinsamen
4 EL Olivenöl
2 Handvoll Blüten:
Rosenblätter
Lavendel
Ringelblumen
Kapuzinerkresse
Borretschblüten
Gänseblümchen
Rotklee
Nachtkerze

ZUBEREITUNG:

Die Nüsse und Samen klein hacken und mit dem
Olivenöl vermischen.
Die Blüten waschen und ebenfalls zerkleinern.
Mit der Nussmischung gut vermischen.

malen!
NOTIZEN

Frischkäse
mit gegrilltem Gemüse

ZUTATEN FÜR EINE SCHÜSSEL CREME:

250 g Frischkäse
1 Paprika
1 Zucchini
1 Aubergine
3 Tomaten
2 Karotten
1 Zwiebel

4 EL Olivenöl
1 Prise Salz
1 Prise Pfeffer
1 Prise Chili
1 Prise italienische Kräuter
1 Spritzer Zitronensaft

ZUBEREITUNG:

Paprika, Zucchini, Aubergine, Tomaten und Karotten waschen und das Gemüse sowie die Zwiebel klein schneiden.
Mit dem Zitronensaft und mit Salz, Pfeffer, Chili und Kräutern vermischen. Danach das Olivenöl dazugeben. Das Gemüse im Backofen für ca. 20 Minuten grillen oder backen.
Danach das Gemüse mit dem Pürierstab zerkleinern und mit dem Frischkäse vermischen.

malen!
NOTIZEN

Tomaten-Schafskäse-Creme

200 g Schafskäse
250 g getrocknete und in Olivenöl eingelegte Tomaten
2 EL Pinienkerne

ZUBEREITUNG:

Von den Tomaten das Öl abgießen.
Nun die Tomaten im Mixer zerkleinern.
Danach den Schafskäse dazugeben und gut vermischen.
Die Pinienkerne kurz in einer Pfanne anrösten
und unter die Creme rühren.

malen!
NOTIZEN

Rosen- und Lavendelzucker

ZUTATEN:

Zucker
Rosenblätter
Lavendel

ZUBEREITUNG:

Rosenblätter und Lavendel 3 – 5 Tage trocknen lassen. Danach Rosenblätter und Lavendel zerkleinern und mit dem Zucker verrühren. In Gläser abfüllen. Rosen- und Lavendelzucker in schönen Gläsern eignen sich prima als Geschenk.

malen!
NOTIZEN

Lauch-Quiche

für eine runde Quiche

ZUTATEN:

2 große Stangen Lauch
1 Bund Frühlingszwiebeln
Öl zum Anbraten
4 Eier
200 g Schmand
1 Prise Salz
1 Prise Pfeffer
1 Prise Muskat
1 EL Gemüsebrühe
1/2 Bund Schnittlauch
3 Stängel Petersilie

HEFETEIG:

200 g Mehl
2 EL Olivenöl
150 ml warmes Wasser
1 Prise Salz
1/4 Würfel Hefe (ca. 10 g)

ZUBEREITUNG:

Für den Hefeteig das Mehl in eine Schüssel geben. Olivenöl und Salz dazugeben. In dem Wasser die Hefe auflösen und in die Schüssel geben. Mit dem Knethaken den Hefeteig herstellen. 1,5 Stunden an einem warmen Ort gehen lassen. Den Lauch und die Frühlingszwiebeln waschen und kleinschneiden. Lauch und Frühlingszwiebeln in Öl anbraten bis der Lauch und die Frühlingszwiebeln leicht angebräunt sind. Kurz abkühlen lassen und mit den Eiern und dem Schmand vermischen. Nun mit Salz, Pfeffer, Muskat und Gemüsebrühe mischen. Schnittlauch und Petersilie waschen, klein hacken und dazugeben. Nun den Hefeteig in einer runden Backform ausdrücken. Den Rand leicht nach oben andrücken. Danach die Lauch-Mischung auf dem Hefeteig verteilen und für ca. 30 Minuten im Ofen backen.

NOTIZEN
malen!

Kohlrabi-Schnitzel

mit Gurkensalat

ZUTATEN:

2 große Kohlrabis
3 EL Mehl
3 Eier
6 EL Cornflakes
5 EL geriebener Parmesankäse
1 Prise Salz
1 Prise Pfeffer
Öl zum Anbraten
1 Gurke
4 EL Sahne
1 EL Essig
1 Prise Zucker
1 Prise Salz
1 Prise Pfeffer
1 TL Gartenkräuter

ZUBEREITUNG:

Die Kohlrabis in knapp 1 cm dicke Scheiben schneiden. 3 EL Mehl in eine Schale geben, 3 Eier etwas aufschlagen und ebenfalls in eine zweite Schale geben. Nun die Cornflakes zerkleinern und mit dem geriebenen Parmesan, Salz und Pfeffer vermischen, in eine dritte Schale geben. Nun die Kohlrabischeiben von beiden Seiten in Mehl wenden, danach in der Schale mit den Eiern und zum Schluss in der Schale mit dem Cornflakes-Parmesan-Gemisch. Nun diese Schnitzel in Öl anbraten bis sie schön braun sind. Für den Gurkensalat die Gurke dünn hobeln und mit der Sahne vermischen. Mit Essig, Zucker, Salz, Pfeffer und den Gartenkräutern mischen.

malen!
NOTIZEN

Gemüse-Puffer
mit Kräuterquark

ZUTATEN:

1 großer Kohlrabi
2 große Karotten
1 Zwiebel
3 Stängel Petersilie
1/2 Bund Schnittlauch
2 EL Tomatenmark
4 EL Mehl
2 Eier
je 1 Prise Salz, Chili,
Pfeffer, Muskat
Butter zum Braten

KRÄUTERQUARK:

100 g Magerquark
100 g Naturjoghurt
1 EL Creme fraîche
1 TL Senf
1 Spritzer Zitronensaft
1 Prise Salz & Pfeffer
1/2 Bund Schnittlauch

ZUBEREITUNG:

Kohlrabi und Karotten waschen und mit einer groben Reibe zerkleinern. Zwiebel schälen und in kleine Würfel schneiden. Petersilie, Schnittlauch gründlich waschen und zerkleinern. Alle Zutaten in eine große Schüssel geben und vermischen. Schließlich Mehl und Eier dazugeben. Mit Tomatenmark, Salz, Pfeffer, Muskat und Chili würzen. Alles vermischen, sodass eine homogene Masse entsteht. In der Pfanne Butter anschwitzen lassen. Aus der Masse gleichgroße Puffer formen und in die Pfanne geben. Von beiden Seiten anbraten lassen.
Für den Kräuterquark den Magerquark, Joghurt und Creme fraîche verrühren. Mit Senf, Zitronensaft, Salz und Pfeffer würzen. Den Schnittlauch waschen und klein schneiden und unter den Quark rühren.

malen!
NOTIZEN

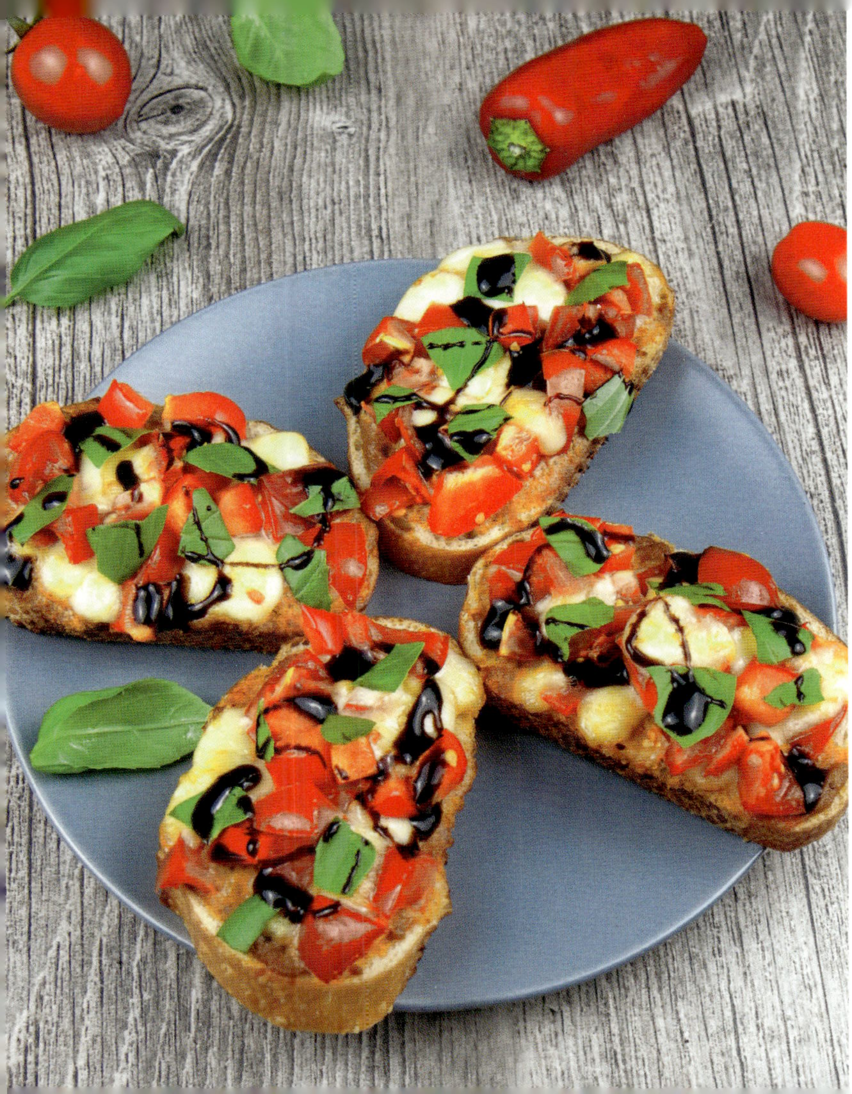

Tomaten-Paprika-Brot

ZUTATEN:

15 Scheiben Stangenweißbrot
50 g Butter
1 Prise Knoblauchpulver
1 Prise Salz
6 Tomaten

1 rote Paprika
200 g Mozzarella
frisches Basilikum
Balsamico-Creme

ZUBEREITUNG:

Das Weißbrot in Scheiben schneiden und dünn mit Butter bestreichen. Mit Salz und Knoblauchpulver würzen. Für 10 Minuten im Backofen anrösten. Währenddessen Tomaten, Paprika und Basilikum waschen. Tomaten, Paprika und Mozzarella in Würfel schneiden und in einer Schale vermischen. Nun diese Mischung auf die Brotscheiben geben und nochmal für 5 Minuten in den Ofen geben. Wenn der Mozzarella zerlaufen ist, das Brot aus dem Ofen nehmen. Nun mit dem frischen Basilikum und der Balsamico-Creme verzieren.

malen!
NOTIZEN

Ratatouille-Brot

mit Schafskäse

ZUTATEN:

1 Stangenweißbrot
200 g Schafskäse
1 Zucchini
2 Karotten
1 Aubergine
1 rote Paprika
10 Cocktailtomaten

1 Zwiebel
1 Prise italienische Kräuter
4 EL Olivenöl
1 Prise Salz
1 Prise Pfeffer
1 EL Zitronensaft
3 EL Tomatenmark

ZUBEREITUNG:

Zucchini, Karotten, Aubergine, Paprika und Tomaten waschen und das Gemüse sowie die Zwiebel kleinschneiden. In eine Schüssel geben und mit Zitronensaft vermischen. Danach Salz, Pfeffer, italienische Kräuter und das Olivenöl dazugeben. Das Gemüse im Backofen für ca. 20 Minuten auf einem Blech anrösten. Danach das Gemüse mit dem Tomatenmark gut vermischen. Nun den Schafskäse würfeln und zur Gemüse-Mischung geben. Diese Mischung auf den Weißbrotscheiben verteilen und für 10 Minuten im Ofen backen.

malen!
NOTIZEN

Blätterteig

mit Mangold und Schafskäse

ZUTATEN:

1 Rolle Blätterteig
5 Stangen Mangold
1 Zwiebel
4 EL Schmand
1 Prise Salz
1 Prise Pfeffer

1 Prise Chili
1 Prise Muskat
1 TL Gemüsebrühe-Pulver
200 g Schafskäse
Öl zum Braten

ZUBEREITUNG:

Die Zwiebel klein schneiden und in Öl anrösten. Den Mangold waschen, fein schneiden und zu den Zwiebeln geben und etwas schmoren lassen. Mit Schmand, Salz, Pfeffer, Chili, Muskat und Gemüsebrühe würzen. Den Schafskäse würfeln und zur Mangold-Mischung geben. Nun den Blätterteig ausrollen und in 12 Vierecke teilen. Auf jedes Viereck 2 EL von der Mangold-Käse-Mischung geben und zu kleinen Blätterteig-Taschen einschlagen. Im Backofen backen bis der Blätterteig leicht gebräunt ist.

malen!
NOTIZEN

Stachelbeer-Johannisbeer-Dessert

ZUTATEN:

150 g Mascarpone
100 g Quark
1 Paket Vanillezucker
100 g Stachel- und Johannisbeeren gemischt
1 Spritzer Zitronensaft
1 TL Vanillezucker

ZUBEREITUNG:

Den Mascarpone mit dem Quark und dem Vanillezucker verrühren. Die Beeren waschen, die Stachelbeeren halbieren. Die Beerenmischung mit Zitronensaft und dem TL Vanillezucker verrühren. Nun immer abwechselnd die Mascarpone-Creme und die Beeren in Gläser füllen.

NOTIZEN
malen!

Schwarzwälder-Kirschkuchen im Glas

ZUTATEN:

1/2 Becher Schlagsahne
4 EL Magerquark
2 EL Mascarpone
1 Paket Vanillezucker
1 Becher Kirsch-Grütze
6 Kekse mit Schokoladenstückchen (Schoko-Cookies)
ca. 6 frische Kirschen

ZUBEREITUNG:

Die Sahne steif schlagen und anschließend mit dem Vanillezucker, Magerquark und Mascarpone gut vermischen. Die Kekse zerkleinern. Nun abwechselnd die Kekskrümel, das Sahne-Quark-Gemisch und die rote Grütze in das Glas schichten. Mit frischen Kirschen verzieren.

malen!
NOTIZEN

Kirsch-Dessert

mit karamellisierten Walnüssen

ZUTATEN:

1 Glas Kirschgrütze
150 g Kuvertüre
1 Eigelb
1 Ei
2 Becher Sahne
100 g Walnüsse
2 EL Schokoraspel
ca. 6 frische Kirschen

ZUBEREITUNG:

Die Kuvertüre im Wasserbad schmelzen. Für die Mousse das Ei mit dem Eigelb schaumig schlagen und die Kuvertüre einrühren. Etwas abkühlen lassen. Nun die Sahne steif schlagen und dann unter die Kuvertüre-Masse heben. Für 2 Stunden im Kühlschrank ruhen lassen. Danach die Kirschgrütze in die Gläser geben und die Mousse darauf verteilen. Schokoraspel darüber streuen. Die Walnüsse ohne Fett in einer Pfanne anrösten, abkühlen lassen und das Dessert damit verzieren. Mit den frischen Kirschen garnieren.

malen!
NOTIZEN

HERBST

Viele Sommerfrüchte verabschieden sich im September und machen den ballaststoffreicheren Sorten wie Kartoffeln, Rüben, Nüssen und Kürbis Platz. Wenn es wieder kälter wird, sollte man auf wärmende Lebensmittel umsteigen, die im Herbst geerntet werden wie Karotten, Süßkartoffeln, Zwiebeln und Knoblauch. Wärmende Gewürze sind Ingwer, Pfeffer und Muskat.

PILZE

GETROCKNETE PILZE

Mit getrockneten Pilzen lassen sich Fleischgerichte, Suppen, Saucen und Dips verfeinern, da sich der Geschmack beim Trocknen konzentriert. Außerdem kann man das ganze Jahr über das tolle Aroma und die Würze der Waldfrüchte genießen. Zum Trocknen eignen sich Pilze mit festem Fleisch wie zum Beispiel Steinpilze, junge Maronen oder Pfifferlinge. Die Pilze sollten nicht nass sein, da sich sonst Schimmel bilden könnte. Säubern Sie die Pilze gründlich – eventuell mit einem Pinsel und einem feuchten Tuch. Danach werden die Pilze in dünne Scheiben geschnitten, wobei beschädigte Stellen und Wurmbefall großzügig ausgeschnitten werden müssen. Die Pilze kann man entweder an der Luft, im Backofen oder im Dörrgerät trocknen. An der Luft trocknen sie am besten, wenn sie an einer Schnur aufgefädelt werden oder man legt sie auf dünnes Gaze-Gewebe. Wichtig ist, dass von allen Seiten Luft an die Pilze gelangt. Im Backofen und Dörrgerät trocknet man die Pilze bei ca. 50 Grad, wobei man beim Backofen die Tür leicht öffnen sollte, damit die Feuchtigkeit abziehen kann. Wenn die Pilze gut getrocknet sind, lagert man sie am besten luftdicht, dunkel und kühl in Glasgefäßen.

Besonders nährstoffreiche Lebensmittel

Äpfel

„An apple a day keeps the doctor away". Dieser bekannte Spruch bedarf eigentlich keiner weiteren Erklärung. Äpfel sind reich an Pektin, diese binden Giftstoffe im Darm und schleusen diese aus dem Körper. Auch helfen sie dabei, den Cholesterinspiegel zu senken. Äpfel haben zudem eine antioxidative Wirkung und regen den Stoffwechsel an.

Rote Trauben

sind sehr gut für die Herzgesundheit und die Blutgefäße, denn sie beinhalten die Antioxidantien Resveratrol und OPC. Diese schützen im Doppelpack die Zellen. Ideal ist es, Trauben mit Kernen zu essen, da diese jede Menge Ballaststoffe enthalten und von innen richtig durchputzen. Ab und an kann man die Trauben auch in Form eines Gläschens Rotweins genießen.

Bohnen

Bohnen beinhalten große Mengen an Ballaststoffen sowie Vitamine, Mineralstoffe und Spurenelemente. Außerdem sind sie ein guter Lieferant für pflanzliches Protein. Sie neutralisieren freie Radikale und schützen unsere Zellen vor oxidativem Stress. Achtung: Bohnen nie roh essen!

September

Freiland: Äpfel, Auberginen, Batavia, Birnen, Blumenkohl, Brokkoli, Brombeeren, Chinakohl, Eichblattsalat, Einlegegurken, Eisbergsalat, Endiviensalat, Erdbeeren, Feldsalat, Fenchel, Frühlingszwiebeln, Heidelbeeren, Holunderbeeren, Kartoffeln, Kohlrabi, Kopfsalat, Kürbis, Porree/Lauch, Lollo rot/grün, Mairüben, Mangold, Meerrettich, Mirabellen, Möhren, Paprika, Pastinaken, Pfifferlinge, Pflaumen, Portulak, Quitten, Radicchio, Radieschen, Rauke, Rettich, Romanasalat, Rote Bete, Rotkohl, Salatgurken, Sellerie, Spinat, Stachelbeeren, Stangenbohnen, Stauden-Sellerie, Trauben, Tomaten, Wassermelonen, Weißkohl, Wirsing, Zucchini, Zuckermais, Zwetschgen, Zwiebeln

Oktober

Freiland: Äpfel, Birnen, Blumenkohl, Brokkoli, Brombeeren, Chicorée, Chinakohl, Eichblattsalat, Einlegegurken, Eisbergsalat, Endiviensalat, Feldsalat, Fenchel, Frühlingszwiebeln, Holunderbeeren, Kartoffeln, Kohlrabi, Kopfsalat, Kürbis, Porree/Lauch, Lollo rot/grün, Mairüben, Meerrettich, Möhren, Paprika, Pastinaken, Pfifferlinge, Portulak, Quitten, Radicchio, Radieschen, Rauke, Romanasalat, Rosenkohl, Rote Bete, Rotkohl, Schwarzer Winterrettich, Schwarzwurzel, Sellerie, Spinat, Stangenbohnen, Stauden-Sellerie, Steckrüben, Trauben, Tomaten, Weißkohl, Wirsing, Zucchini, Zuckermais, Zwetschgen, Zwiebeln

November

Freiland: Chicorée, Chinakohl, Endiviensalat, Feldsalat, Frühlingszwiebeln, Grünkohl, Kürbis, Lauch, Mairüben, Meerrettich, Pastinaken, Pfifferlinge, Portulak, Quitten, Radicchio, Romanasalat, Rosenkohl, Rote Bete, Rotkohl, Schwarzwurzeln, Sellerie, Steckrüben, Wirsing, Weißkohl

Gewächshaus: Champignons, Kohlrabi, Kopfsalat, Paprika, Radieschen, Rauke, Spinat, Stauden-Sellerie

Lagerware: Äpfel, Birnen, Kartoffeln, Kürbis, Möhren, Pastinaken, Schwarzer Winterrettich, Zucchini, Zuckermais, Zwiebeln

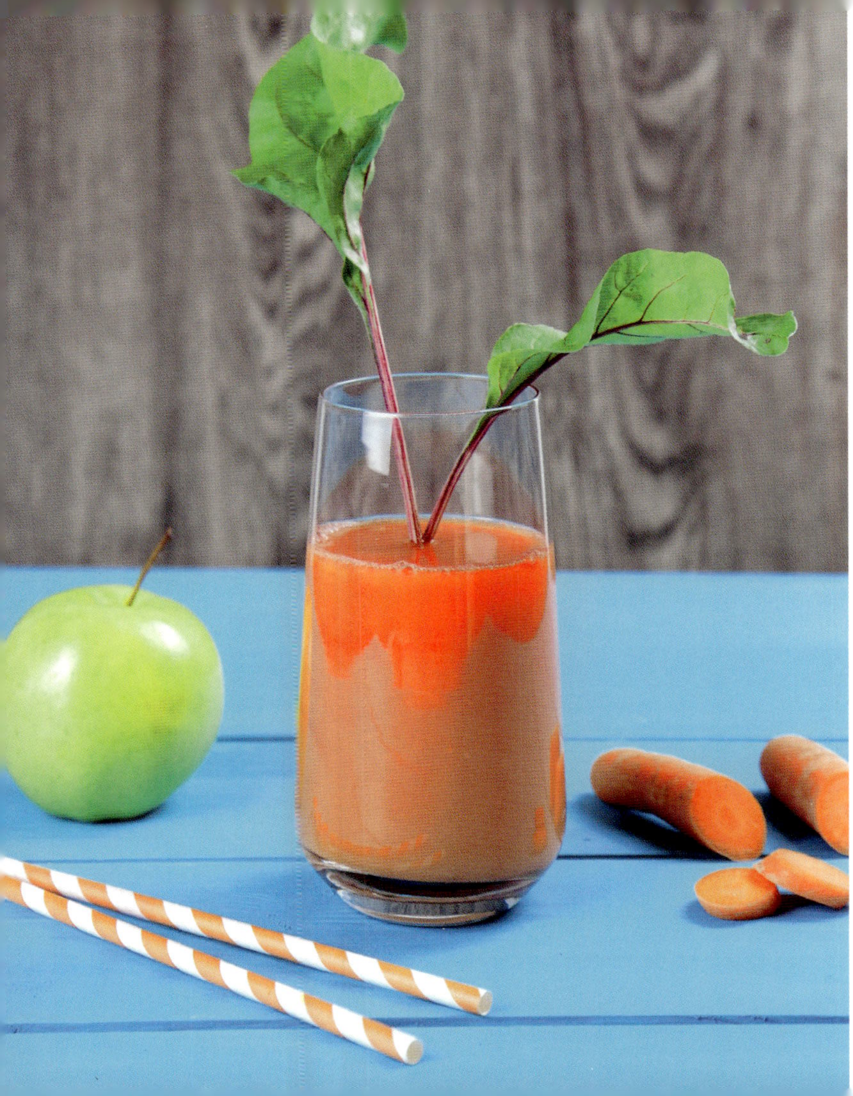

Karotte · Apfel · Rote Bete

Saft für 2 Gläser

ZUTATEN:

4 Karotten
3 Äpfel
1/2 Rote Bete

ZUBEREITUNG:

Die Äpfel waschen, vierteln und nach Belieben das Kerngehäuse entfernen. Die Karotten waschen und in grobe Streifen schneiden. Von der Roten Bete die Schale entfernen und vierteln. Alles in den Entsafter geben.

malen!
NOTIZEN

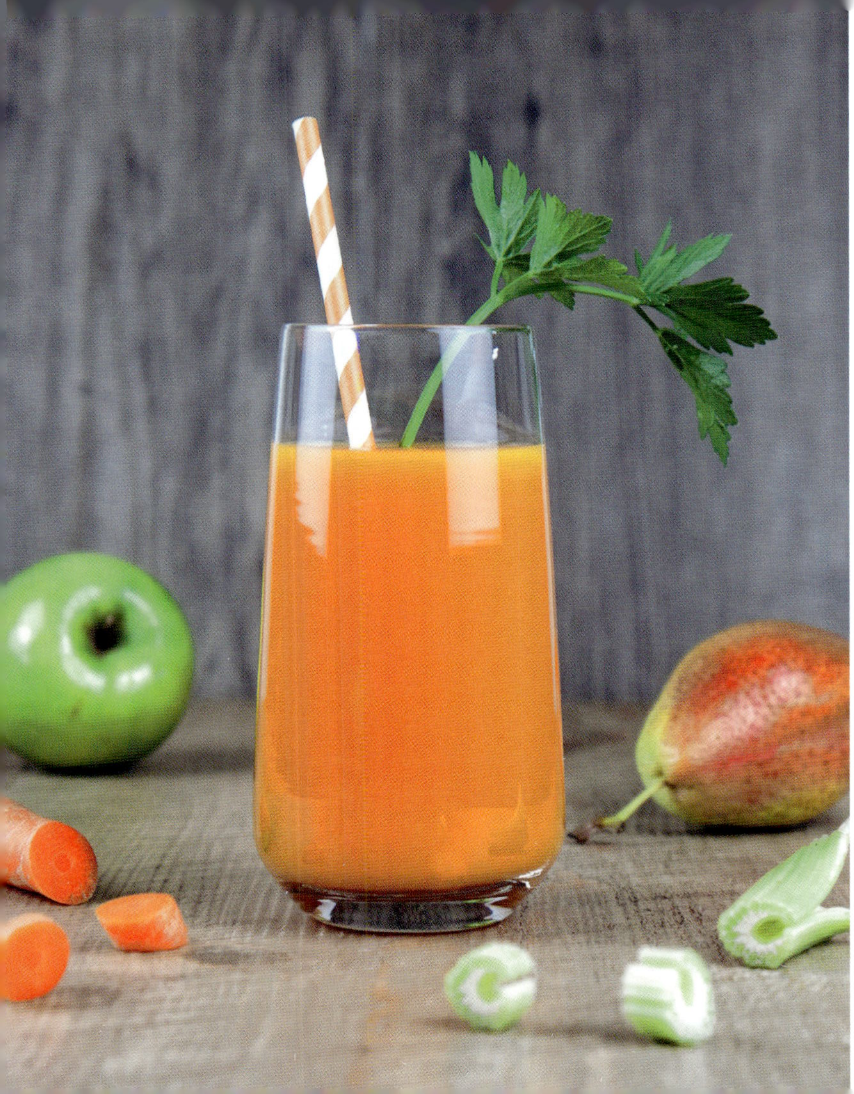

Karotte · Sellerie · Gurke · Birne

ZUTATEN

4 Karotten
2 Stangen Sellerie
2 Äpfel
2 Birnen

ZUBEREITUNG:

Karotten waschen und in grobe Streifen schneiden.
Birnen und Äpfel waschen, vierteln und nach Belieben das
Kerngehäuse entfernen. Sellerie waschen und in grobe Stücke
schneiden. Alles in den Entsafter geben.

malen!
NOTIZEN

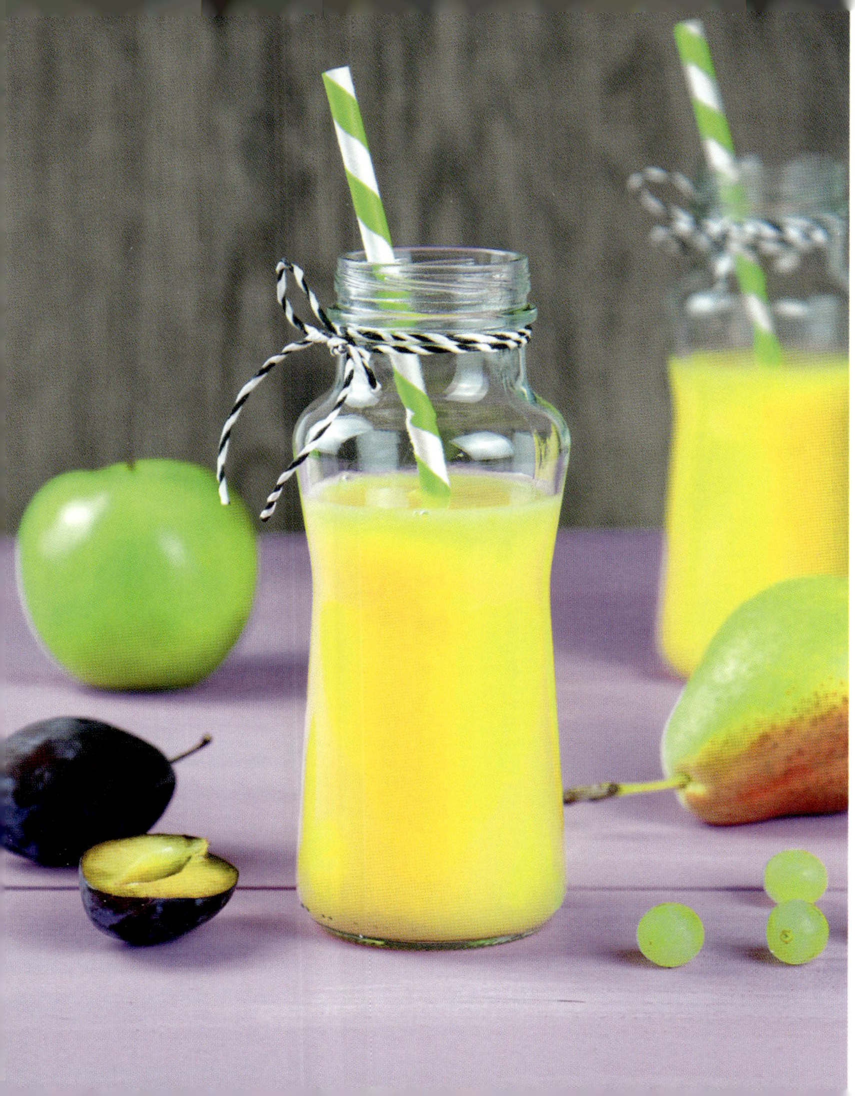

Apfel · Traube · Birne · Pflaume

ZUTATEN:

2 Äpfel
2 Birnen
300 g Trauben
10 Pflaumen

ZUBEREITUNG:

Die Äpfel und Birnen waschen, vierteln und nach Belieben das Kerngehäuse entfernen. Die Trauben und die Pflaumen ebenfalls waschen, Pflaumen entkernen und alles in den Entsafter geben.

malen!
NOTIZEN

Apfel · Gurke · Grünkohl · Traube

ZUTATEN:

2 Äpfel
1/2 Gurke
2 Blätter Grünkohl
200 g Trauben
1 Handvoll Wildkräuter
1 Glas Wasser

ZUBEREITUNG:

Die Äpfel, Gurke, Grünkohl, Wildkräuter und Trauben waschen. Die Äpfel vierteln und nach Belieben das Kerngehäuse entfernen. Die Gurke und den Grünkohl in grobe Stücke schneiden. Die Trauben vom Stiel entfernen. Nun das Obst und Gemüse und die Wildkräuter mit dem Wasser in den Mixer geben und fein pürieren.

malen!
NOTIZEN

Feurige Tomatensuppe

ZUTATEN:

500 g Tomaten
(unterschiedliche Sorten)
1 Knoblauchzehe
1 Schalotte
Olivenöl zum Anbraten
1 TL Gemüsebrühe

1 Prise Salz
1 Prise Pfeffer
1 Prise Thymian
1 Prise Chili
1 Stängel Rosmarin
etwas Wasser oder Sahne

ZUBEREITUNG:

Tomaten waschen, an der Unterseite anritzen und in kochendes Wasser geben. Nach 10 Minuten vorsichtig die Haut entfernen und die geschälten Tomaten klein schneiden.
Nun die Schalotte und den Knoblauch fein schneiden und mit Olivenöl anbraten. Die Tomatenstücke dazugeben. Kurz warten und schließlich die Gemüsebrühe, Salz, Pfeffer, Chili, Thymian und den Rosmarinzweig hinzugeben und auf niedriger Temperatur kochen lassen. Rosmarinzweig wieder entfernen. Bei Bedarf noch etwas Wasser oder Sahne dazugeben. Abschließend mit einem Pürierstab zu einer sämigen Suppe pürieren und mit Chili und frischem Thymian garnieren.

malen!
NOTIZEN

Ernte-Suppe

ZUTATEN:

1 Schalotte
1 kleine Zucchini
2 Karotten
1/2 Fenchel
1 Paprika
2 EL Tomatenmark
2 kleine Kartoffeln
1 Handvoll Kresse

Chilifäden
1 Prise italienische Kräuter
1 Prise Salz
1 Prise Pfeffer
Öl zum Anbraten
1 TL Gemüsebrühe-Pulver
1 Glas Wasser

ZUBEREITUNG:

Die Schalotte in feine Würfel schneiden. Zucchini, Karotten, Fenchel, Paprika, Kartoffeln und Kresse waschen. Die Kartoffeln schälen und in Scheiben schneiden. Das restliche Gemüse klein schneiden. Nun die Schalotte in Öl anbraten und das Gemüse dazugeben. Für etwa 10 Minuten alles anrösten. Danach das Wasser dazugeben, noch etwas köcheln lassen und schließlich das Gemüse mit dem Pürierstab fein pürieren. Die Suppe mit Tomatenmark, Gemüsebrühe-Pulver, den italienischen Kräutern, Salz und Pfeffer würzen. Mit Kresse und Chilifäden garnieren.

malen!
NOTIZEN

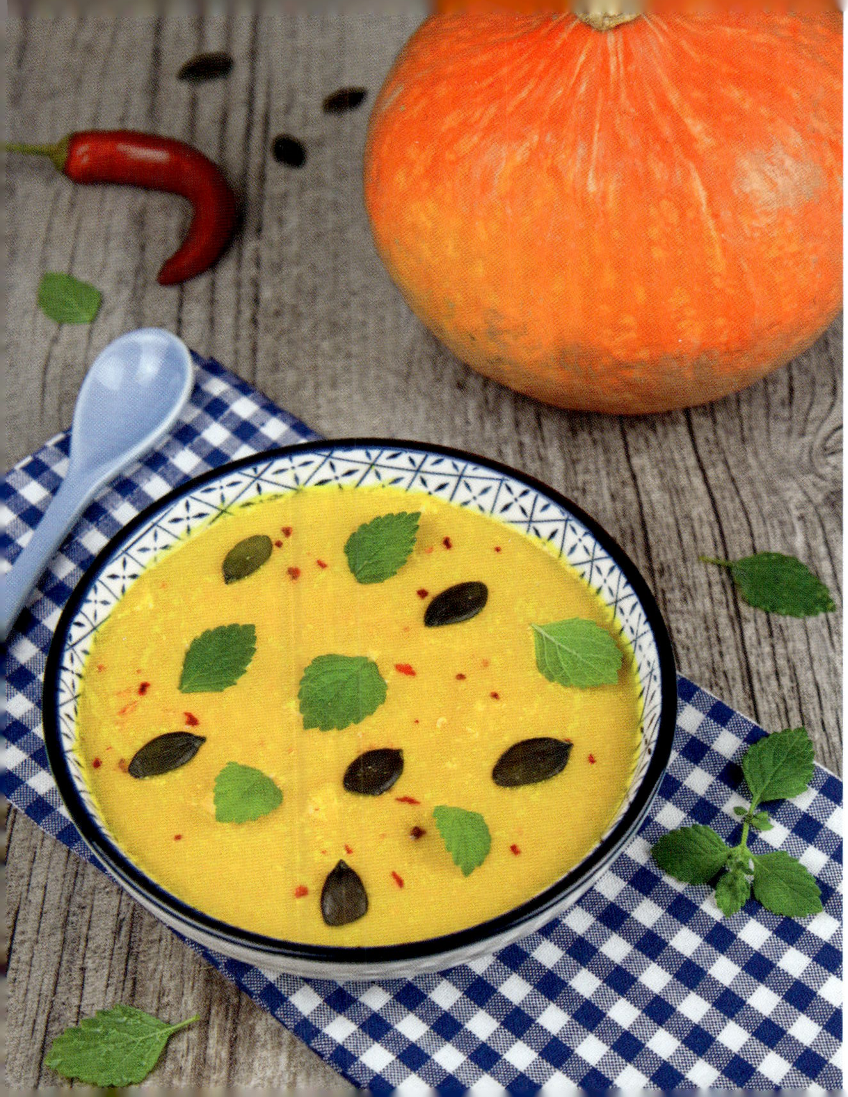

Kürbis-Karottensuppe

1 Hokkaido Kürbis
1 Schalotte
2 Karotten
2 Kartoffeln
Butter zum Anbraten
1 Prise Salz
1 Prise Pfeffer

1 Prise Chili
1 EL Gemüsebrühe
150 ml Sahne
1 TL Creme fraîche
frisches Basilikum
1 – 2 EL Kürbiskerne

Kürbis entkernen und das Fleisch in kleine Würfel schneiden. Schalotte schälen und würfeln. Kartoffeln und Karotten waschen, schälen und würfeln. Butter in einem Topf erhitzen und Zwiebeln anrösten. Kürbis, Karotten und Kartoffeln dazugeben, leicht anrösten und einige Minuten dünsten lassen. Gemüsebrühe hinzufügen und kurz weiter köcheln lassen. Mit Salz, Pfeffer und Chili würzen und wieder köcheln lassen. Schließlich alles fein pürieren. Danach Creme fraîche und Sahne unterrühren, 2 – 3 Minuten weiter köcheln lassen. Die Kürbiskerne in einer Pfanne anrösten und über die Suppe geben. Mit Basilikum garnieren.

malen!
NOTIZEN

Rote-Bete-Suppe

ZUTATEN:

2 Rote Beten	4 EL Schmand
1 Schalotte	1 EL Meerrettich
2 Äpfel	1 EL Mandelblättchen
1 EL Gemüsebrühe-Pulver	Butter zum Anbraten
1 Prise Salz	1 Spritzer Zitronensaft
1 Prise Pfeffer	1 kleines Glas Wasser

ZUBEREITUNG:

Schalotte und Rote Bete schälen und klein schneiden. Die Äpfel waschen, schälen, das Kerngehäuse entfernen und ebenfalls klein schneiden. Zitronensaft auf die Äpfel träufeln. Die Zwiebel in Butter anbraten, Rote Bete und Äpfel hinzufügen und andünsten. Dann das Wasser hinzufügen und köcheln lassen bis die Rote Bete weich ist. Mit einem Stabmixer pürieren. Nun den Schmand und Meerrettich unterrühren und mit Gemüsebrühe-Pulver, Salz und Pfeffer würzen. Die Mandelblättchen kurz in einer Pfanne anrösten und über die Suppe streuen.

malen!
NOTIZEN

Herbst-Salat

ZUTATEN:

2 Handvoll Salat:
Babyspinat, Rauke, Eichblattsalat, Feldsalat und ähnliches
10 Cocktailtomaten
1 kleines Stück Rotkohl
1 saurer Apfel
10 Maronen
6 Walnüsse

DRESSING:

eine Knoblauchzehe
4 EL Balsamico-Creme
2 EL Olivenöl
1 TL Senf
1 EL Honig
2 EL Wasser
je 1 Prise Salz und Pfeffer
1 Prise Chili
1 TL Gartenkräuter
2 Stängel Petersilie

ZUBEREITUNG:

Salat, Tomaten und Apfel waschen. Die Salatschüsseln mit
den frisch aufgeschnittenen
Knoblauch einreiben. Die Salatblätter auf die Schüsseln verteilen. Die Cocktailtomaten halbieren. Den Apfel in kleine Stücke
schneiden und beides zum Salat
geben. Den Rotkohl mit einer
Reibe fein hobeln und ebenfalls
über den Salat geben. Die Walnüsse zerkleinern und die Maronen von der Schale befreien.
In einer Pfanne die Walnüsse
mit den Maronen anrösten und
über den Salat geben. Mit Petersilie garnieren. Für die Soße die
Balsamico-Creme mit Olivenöl,
Wasser, Senf, Honig, Salz, Pfeffer, Chili und den Gartenkräutern mixen. Kurz vor dem Servieren über den Salat geben.

malen!
NOTIZEN

Blumenkohl-Brokkoli-Salat

ZUTATEN:

300 g Brokkoli
300 g Blumenkohl
4 EL Olivenöl
1 Prise Salz
1 Prise Pfeffer
1 Prise Kurkumapulver
1 Prise Chili
4 Stängel Petersilie
1–2 EL Mandelblättchen

DRESSING:

2 EL Senf
2 EL Honig
4 EL Sahne
3 EL Wasser
1 EL Gartenkräuter
1 Prise Salz
1 Prise Pfeffer
1 Prise Chili
1/2 Bund Schnittlauch

ZUBEREITUNG:

Brokkoli und Blumenkohl waschen, in kleine Röschen teilen und in eine Schüssel geben. Mit Salz, Pfeffer, Kurkuma und Chili würzen sowie mit Olivenöl vermischen. Alles auf ein Backblech geben und für ca. 20 Minuten im Ofen anrösten. In der Zwischenzeit das Dressing zubereiten. Dazu Senf, Honig, Sahne, Wasser, Salz, Pfeffer, Chili und Gartenkräuter mixen.

Den Schnittlauch klein schneiden und in das Dressing geben. Das Gemüse aus dem Ofen holen und abkühlen lassen. Die Mandelblättchen darüber streuen, die Petersilie ebenfalls klein schneiden und über den Salat geben und mit dem Dressing servieren.

malen!
NOTIZEN

Kraut-Karotten-Salat

ZUTATEN:

1/4 Weißkraut
2 Karotten
1/2 Bund Schnittlauch
2 EL Naturjoghurt
2 EL Creme fraîche
2 EL Öl
2 EL Essig
1 Prise Salz
1 Prise Pfeffer
1 TL Senf
1 EL Zucker oder Honig

ZUBEREITUNG:

Das Weißkraut und die Möhren in feine Streifen raspeln. Mit Salz, Pfeffer, Zucker oder Honig, Essig und Öl vermischen und das Gemisch kurz mit den Händen kneten, sodass das Kraut eine geschmeidige Konsistenz bekommt. Schnittlauch klein schneiden und zum Salat geben. Nun den Salat noch mit Joghurt, Creme fraîche und Senf vermischen und im Kühlschrank gut durchziehen lassen.

malen!
NOTIZEN

Mais-Paprika-Salat

ZUTATEN:

1 Dose Mais oder 250 g frischer	2 EL Essig
Mais (kurz gar kochen)	2 EL Öl
1 rote Paprika	1 Prise Salz
1 kleine Gurke	1 Prise Pfeffer
1 Schalotte	1 Prise Zucker
1/2 Bund Schnittlauch	

ZUBEREITUNG:

Den Mais abtropfen lassen und in eine Schüssel geben.
Die Paprika und Gurke waschen und beides kleinschneiden.
Die Schalotte ebenfalls in kleine Würfel schneiden.
Alles zum Mais dazugeben. Nun den Salat mit dem Essig, Öl,
Salz, Pfeffer und Zucker würzen. Den Schnittlauch klein schnei-
den und über den Salat geben. Im Kühlschrank noch ein wenig
durchziehen lassen.

malen!
NOTIZEN

Walnuss-Butter

ZUTATEN FÜR EINE PORTION BUTTER:

1 halbes Stück Butter
12 Trockenfrüchte (Datteln, Pflaumen o.ä.)
75 g Walnüsse
1 Prise Salz

ZUBEREITUNG:

Die Walnüsse klein schneiden und mit etwas Butter in der Pfanne anrösten. Die Trockenfrüchte in einem Mixer zerkleinern. Nun die Butter auf einem Teller mit einer Gabel zerdrücken. Die Walnüsse, Trockenfrüchte und Salz dazugeben und alles gut vermischen. Im Kühlschrank hält sich die Walnussbutter für einige Tage frisch.

malen!
NOTIZEN

Holundersaft und Holundermarmelade

ZUTATEN FÜR **4 GLÄSER MARMELADE:**	**ZUTATEN FÜR** **HOLUNDERSAFT:**
1 kg Holunderbeeren 500 g Gelierzucker (2:1) 2 EL Zitronensaft	1 kg Holunderbeeren 100 g brauner Zucker 500 ml Wasser 1/2 Zitrone

ZUBEREITUNG:

Die Holunderbeeren waschen, vom Stiel befreien und in einen großen Kochtopf geben. Den Gelierzucker und Zitronensaft unterrühren und vier Minuten kochen. Die Marmelade in heiß ausgespülte Gläser geben und gut verschließen.

Für den Saft ebenfalls 1 kg Holunderbeeren waschen, vom Stiel befreien und in einen Kochtopf geben. 500 ml Wasser, 100 g braunen Zucker und den Saft einer halben Zitrone dazugeben und alles für 10 Minuten köcheln lassen. Danach durch ein feines Sieb in Flaschen abfüllen.

malen!
NOTIZEN

Paprika-Creme

ZUTATEN:

3 rote Paprikaschoten	2 – 3 EL Essig
1 Aubergine	1 Prise Salz
Saft einer halben Zitrone	1 Prise Pfeffer
1 Knoblauchzehe	1 Prise mediterrane Kräuter
3 kleine Chilischoten	1 Prise scharfer Paprika
50 ml Olivenöl	

ZUBEREITUNG:

Paprika waschen, entkernen und klein schneiden. Die Aubergine ebenfalls waschen, klein schneiden und mit Zitronensaft beträufeln. Den Knoblauch hacken. Die Chilischoten waschen und in feine Streifen schneiden. Nun das Gemüse mit dem Olivenöl vermischen, auf ein Backblech geben und im Ofen gut anrösten. Danach das Gemüse in einen Topf geben und mit dem Mixer pürieren. Mit Essig, Salz, Pfeffer, Paprikapulver und mediterranen Kräutern würzen. Die Paprika-Creme kann in Gläsern im Kühlschrank aufbewahrt werden und passt gut zu Fleisch- und Gemüsegerichten.

malen!
NOTIZEN

Zwiebelkuchen

ZUTATEN:

5 große Zwiebeln
1 Bund Frühlingszwiebeln
2 EL Öl
4 Eier
200 g Schmand
1 Prise Salz
1 Prise Pfeffer
1 Prise Muskat
1 EL Gemüsebrühe
3 Stängel Petersilie
Bei Bedarf:
Speck- oder Schinkenwürfel

HEFETEIG:

200 g Mehl
2 EL Olivenöl
150 ml warmes Wasser
1 Prise Salz
1/4 Würfel Hefe (ca. 10 g)

ZUBEREITUNG:

Mehl in eine Schüssel geben. Olivenöl und Salz dazugeben. In warmem Wasser die Hefe auflösen und in die Schüssel geben. Mit dem Knethaken den Hefeteig herstellen. 1,5 Stunden an einem warmen Ort gehen lassen. Die Zwiebeln und Frühlingszwiebeln kleinschneiden. In Öl anbraten bis die Zwiebeln und Frühlingszwiebeln leicht angebräunt sind. Kurz abkühlen lassen und mit den Eiern und dem Schmand vermischen. Mit Salz, Pfeffer, Muskat und Gemüsebrühe mischen. Petersilie waschen, klein hacken und dazugeben. Nun den Hefeteig in einer Form ausdrücken. Den Rand leicht hochdrücken. Danach die Zwiebel-Mischung auf dem Hefeteig verteilen und für ca. 30 Minuten im Ofen backen. Bei Bedarf kann man auch noch Speck- oder Schinkenwürfel in die Zwiebel-Mischung geben.

malen!
NOTIZEN

Risotto mit Pfifferlingen und Petersilie

ZUTATEN:

200 g Risottoreis
2 kleine Zwiebeln
200 ml Weißwein
300 ml Gemüsebrühe
(bei Bedarf mehr)
300 g Pfifferlinge
Butter zum Anbraten
60 g Parmesan
1 Prise Salz
1 Prise Pfeffer
1 Prise Chili
4 Stängel Petersilie
50 g Heidelbeeren
100 g Erbsen
1 EL Gemüsebrühe-Pulver
Olivenöl zum Anbraten
ein kleines Stück Butter
(etwa 30 g)

ZUBEREITUNG:

Die Pfifferlinge waschen und gut trockentupfen. Den Parmesan reiben. Die Zwiebel fein hacken und in Olivenöl andünsten. Den Risottoreis dazugeben, anschwitzen lassen und dann mit etwas Gemüsebrühe ablöschen. Den Reis unter ständigem Rühren und der Zugabe von Gemüsebrühe leicht köcheln lassen. Sobald der Reis bissfest ist, nochmals mit dem Wein ablöschen. Nun die Pfifferlinge in einer Pfanne mit Butter anbraten und dann zum Risotto dazugeben. Erbsen ebenfalls dazugeben. Mit Salz, Pfeffer, Chili und eventuell noch ein wenig Gemüsebrühe-Pulver abschmecken. Anschließend den geriebenen Parmesan sowie die Butter dazugeben. Nun die Petersilie und Heidelbeeren waschen. Die Petersilie fein hacken. Das fertige Risotto mit Petersilie und Heidelbeeren garnieren und noch etwas frischen Parmesan darüber hobeln.

malen!
NOTIZEN

Pikante Muffins

ZUTATEN:

1 Rolle Blätterteig	150 g Schmand
10 Cocktailtomaten	1/2 Bund Schnittlauch
1/2 rote Paprika	1 Prise Salz
3 Frühlingszwiebeln	1 Prise Pfeffer
6 Eier	100 g Parmesan

ZUBEREITUNG:

Aus dem Blätterteig 12 runde Kreise mit ca. 8 cm Durchmesser ausstechen. Die Kreise in eine Muffinsform (für 12 Stück) ausdrücken. Die Cocktailtomaten, Paprika und Frühlingszwiebeln waschen und alles klein schneiden. Den Parmesan fein reiben. Nun die Eier in einer Schüssel aufschlagen und mit dem Schmand sowie Salz und Pfeffer vermischen. Den Parmesan ebenfalls dazugeben sowie die kleingeschnittenen Tomaten, Paprika und Frühlingszwiebeln. Den Schnittlauch waschen und fein schneiden und zu dem Eier-Gemüse-Käse-Gemisch dazugeben. Die Masse nun in die Muffinsformen füllen und im Backofen ca. 20 Minuten backen.

malen!
NOTIZEN

Semmelknödel mit Pilzrahmsoße

SEMMELKNÖDEL:

7 Semmeln
1/4 l Milch
1/4 l warmes Wasser
3 Eier
je 1 Prise Salz & Pfeffer
1 Prise Muskat
4 Stängel Petersilie
eventuell Semmelbrösel
1 EL Gemüsebrühe-Pulver

PILZRAHMSOSSE:

2 Schalotten
300 g gemischte Pilze
250 ml Sahne
100 ml Weißwein
je 1 Prise Salz & Pfeffer
4 Stängel Petersilie
etwas Butter
1 EL Gemüsebrühe-Pulver
etwas Wasser

ZUBEREITUNG:

Die Semmeln zerkleinern und mit der warmen Milch und Wasser übergießen. Die Semmeln sollten die Flüssigkeit gut aufnehmen. Das Gemisch sollte nicht zu trocken und nicht zu nass sein. Gut vermischen. Danach die Eier unter die Masse mischen und mit Salz, Pfeffer, Muskat und Gemüsebrühe-Pulver vermischen. Die Petersilie fein hacken und ebenfalls zur Knödelmasse dazugeben. Nun für etwa eine halbe Stunde ruhen lassen. Einen großen Topf Wasser mit etwas Salz zum Kochen bringen, 10 Knödel formen und ins Wasser geben. Für etwa 20 Minuten im Wasser ziehen lassen. Sollte die Knödelmasse zu weich sein, kann sie mit Semmelbröseln angedickt werden.

Für die Pilzrahmsoße werden die Schalotten fein gehackt. Die Pilze werden gewaschen, gut trocken getupft und klein geschnitten. Nun die Schalotten in Butter anrösten und die Pilze dazugeben. Etwa 10 Minuten köcheln lassen. Danach mit Wein und Sahne ablöschen und etwas einköcheln lassen. Mit Salz, Pfeffer und Gemüsebrühe würzen. Die Petersilie waschen und klein schneiden. Über die fertige Pilzrahmsoße darüber streuen. Die Soße kann bei Bedarf mit etwas Wasser verdünnt werden.

malen!
NOTIZEN

Kartoffel-Rosen

ZUTATEN:

4 große Kartoffeln
3 Eier
1/2 Becher Schmand
je 1 Prise Salz & Pfeffer
1 Prise Muskat
50 g Parmesan
etwas Butter

ZUTATEN:

Die Kartoffeln schälen und in feine Scheiben hobeln. Eine Muffinsform mit Butter einfetten. Nun die Kartoffeln in einer Muffinsform zu einer Rose schichten. Dafür zunächst die Muffinsform mit den Kartoffelscheiben leicht überlappend auslegen und dann mit den Scheiben kreisförmig fortfahren, bis die Muffinsform komplett mit Kartoffelscheiben gefüllt ist. Nun die Eier mit dem Schmand gut verrühren und mit Salz, Pfeffer und Muskat würzen. Den Parmesan reiben. Die Eier-Schmand-Mischung vorsichtig über den Kartoffelrosen verteilen und mit Parmesan bestreuen. Die Kartoffeln solange backen, bis die Spitzen leicht gebräunt sind.

malen!
NOTIZEN

Ratatouille

1 Zucchini	1 Prise italienische Kräuter
2 Karotten	4 EL Olivenöl
1 Aubergine	1 Prise Salz
1 rote Paprika	1 Prise Pfeffer
10 Cocktailtomaten	1 EL Zitronensaft
1 Zwiebel	3 EL Tomatenmark

ZUBEREITUNG:

Zucchini, Karotten, Aubergine, Paprika und Cocktailtomaten waschen und das Gemüse sowie die Zwiebel kleinschneiden. In eine Schüssel geben und mit Zitronensaft vermischen. Danach Salz, Pfeffer, italienische Kräuter und das Olivenöl dazugeben. Das Gemüse im Backofen für ca. 20 Minuten auf einem Blech anrösten. Danach das Gemüse mit dem Tomatenmark gut vermischen und bei Bedarf nochmal etwas nachwürzen. Passt gut zu Brot, Nudeln, Reis und Kartoffeln.

malen!
NOTIZEN

Pflaumenkuchen

auf die schnelle Art

ZUTATEN:

12 Pflaumen
1 EL Vanillezucker
1 Prise Zimt
12 EL Mehl
6 EL Zucker
100 g Butter

ZUBEREITUNG:

Die Pflaumen waschen, entkernen und vierteln. In kleine Porzellanförmchen geben. Mit dem Vanillezucker und Zimt bestäuben. Für die Streuseln die Butter in einem Topf bei schwacher Hitze zerlaufen und kurz anbräunen lassen. Butter in einen Topf geben und mit dem Mehl und dem Zucker zu Streuseln verarbeiten. Die Streuseln auf den Pflaumen verteilen. Bei 180 Grad ca. 20 Minuten backen.

malen!
NOTIZEN

Trauben-Dessert

ZUTATEN:

150 g Trauben	6 EL Mehl
150 ml Schlagsahne	3 EL Zucker
2 EL Mascarpone	50 g Butter
1 EL Vanillezucker	1 EL Mandelblättchen
1 Spritzer Zitronensaft	2 Stängel Minze

ZUBEREITUNG:

Die Schlagsahne mit dem Vanillezucker steif schlagen. Danach den Mascarpone und Zitronensaft untermischen und gut verrühren. Kalt stellen. Für die Streuseln die Butter in einem Topf bei schwacher Hitze zerlaufen und kurz anbräunen lassen. Butter in einen Topf geben und mit dem Mehl und dem Zucker zu Streuseln verarbeiten. Die Streuseln bei 180 Grad 20 Minuten kross backen. Auskühlen lassen. Die Trauben waschen und halbieren. Nun die Streusel, die Creme und die Trauben abwechselnd in ein Glas schichten. Mit Mandelblättchen und Minze verzieren.

malen!
NOTIZEN

Mirabellen-Dessert

ZUTATEN:

150 ml Schlagsahne
2 EL Frischkäse
2 EL Obstlikör (oder alternativ 2 EL Obstsaft)
1 EL Vanillezucker
6 Mirabellen
2 EL Apfelsaft
1 TL Honig
1 TL Schokoraspel
etwas Zitronenmelisse zum Garnieren

ZUBEREITUNG:

Die Schlagsahne mit dem Vanillezucker steif schlagen. Danach den Obstlikör oder Obstsaft sowie den Frischkäse unterrühren. Die Mirabellen waschen und klein schneiden. Mit dem Apfelsaft und Honig kurz marinieren. Nun die Mirabellen in Gläser schichten. Die Sahne-Frischkäse-Creme darüber geben und dann nochmals eine Schicht Mirabellen und Schokoraspel auf der Creme verteilen. Mit Zitronenmelisse garnieren.

malen!
NOTIZEN

Birnen-Quark-Dessert

mit Schokolade und Marzipan

ZUTATEN:

3 EL Quark	1 TL Schokoraspel
3 EL Mascarpone	1 Birne
150 ml Sahne	100 g Marzipan
1 Paket Vanillezucker	1 Stängel Minze
3 Spekulatius	1 Spritzer Zitronensaft

ZUBEREITUNG:

Die Sahne steif schlagen. Mascarpone, Quark und Vanillezucker dazugeben und zu einer glatten Creme rühren. Spekulatius und Marzipan zerbröseln und in einer Schüssel vermischen. Die Birne waschen und zwei dünne Scheiben abschneiden. Den Rest würfeln. Birne mit Zitronensaft beträufeln. Nun die Birne, die Quarkcreme und die Marzipan-Spekulatiusstreusel in ein Glas schichten. Mit der Birnenscheibe, den Schokoraspeln und der Minze verzieren.

malen!
NOTIZEN

WINTER

Wärmende Lebensmittel sollten nun ausschließlich auf dem Teller dominieren. Lebensmittel, die eine lange Wachstumsphase haben, sind wärmender als Gemüsesorten, die schnell wachsen. Auch Fleisch wie Fisch, Hühnchen, Rind und Lamm gehören zu dieser Kategorie sowie Eier, Mais, Karotten, Kartoffeln, Zwiebeln und Nüsse. In den Wintermonaten kann man auf eine Vielzahl von Wurzel- und Knollengemüse sowie eingelagerte Sorten wie Äpfel und Birnen zurückgreifen.

KRÄUTER

KRÄUTERÖL & KRÄUTERESSIG

Der herrlich aromatische Duft von Kräutern und Gewürzen lässt sich für den Winter am besten mit Kräuterölen und Kräuteressig konservieren. Für Kräuteressig verwendet man Obst- oder Weinessig, für Kräuteröle ist Olivenöl ideal. Wichtig: Die Kräuter und Gewürze sollten vor dem Einlegen gut abgetrocknet werden.
Im Gegensatz zum Öl wird der Essig etwas erhitzt. Danach veredelt man den Essig bzw. das Öl zum Beispiel mit Rosmarin, Estragon, Thymian, Salbei, Oregano, Lavendel, Chili, Lorbeerblättern, Wacholder oder Knoblauch. Die Kräuter und Gewürze müssen komplett mit Essig oder Öl bedeckt sein. Die Mischung sollte mindestens 14 Tage gut durchziehen. Danach das Öl oder den Essig filtern und in Flaschen abfüllen. Die Öl- und Essigflaschen sollten lichtgeschützt und eher kühl gelagert werden.

Karotten

sind ein Allround-Talent und gut für Augen, Haut und Herz. Sie liefern jede Menge Beta-Carotin, das in Vitamin A umgewandelt wird, aber auch Mineralstoffe und Spurenelemente.

Rote Bete

fördert die Blutbildung und die Entgiftungsfunktion der Leber. Rote Bete regt die Bildung von roten Blutzellen an, festigt die Gefäßwände und ist hilfreich bei Krampfadern.

Nüsse und Samen

sind ideale Knabbereien für jeden Tag, am besten täglich eine kleine Handvoll naschen. Sie bieten eine hohe Nährstoffdichte, so dass bereits kleine Menge ausreichen. Nüsse und Samen liefern wertvolle Fettsäuren wie Omega-3-Fettsäuren sowie Proteine.

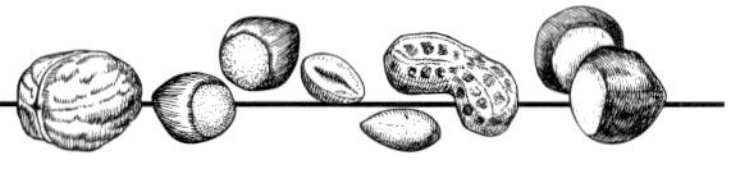

Saisonale Früchte und Kräuter

Dezember

Freiland: Chicorée, Endiviensalat, Feldsalat, Grünkohl, Lauch, Pastinaken, Rosenkohl, Schwarzwurzeln, Steckrüben, Wirsing

Gewächshaus: Champignons, Feldsalat, Kohlrabi, Rauke, Sellerie, Spinat, Stauden-Sellerie

Lagerware: Äpfel, Birnen, Kartoffeln, Kürbis, Möhren, Pastinaken, Radicchio, Rote Bete, Rotkohl, Schwarzer Winterrettich, Stauden-Sellerie, Wirsing, Weißkohl, Zwiebeln

Januar

Freiland: Chicorée, Feldsalat, Grünkohl, Lauch/Porree, Pastinaken, Portulak, Rosenkohl, Schwarzwurzeln, Steckrüben, Wirsing

Gewächshaus: Champignons, Feldsalat, Rauke, Sellerie, Spinat

Lagerware: Äpfel, Birnen, Chinakohl, Kartoffeln, Kürbis, Möhren, Pastinaken, Radicchio, Rote Bete, Rotkohl, Schwarzer Winterrettich, Stauden-Sellerie, Weiß- und Spitzkohl, Zwiebeln

Februar

Freiland: Chicorée, Feldsalat, Grünkohl, Lauch/Porree, Pastinaken, Portulak, Rosenkohl, Schwarzwurzeln, Wirsing

Gewächshaus: Champignons, Feldsalat, Rauke, Sellerie, Spinat

Lagerware: Äpfel, Chinakohl, Kartoffeln, Kürbis, Möhren, Pastinaken, Radicchio, Rote Bete, Rotkohl, Schwarzer Winterrettich, Schwarzwurzeln, Stauden-Sellerie, Steckrüben, Weiß- und Spitzkohl, Zwiebeln

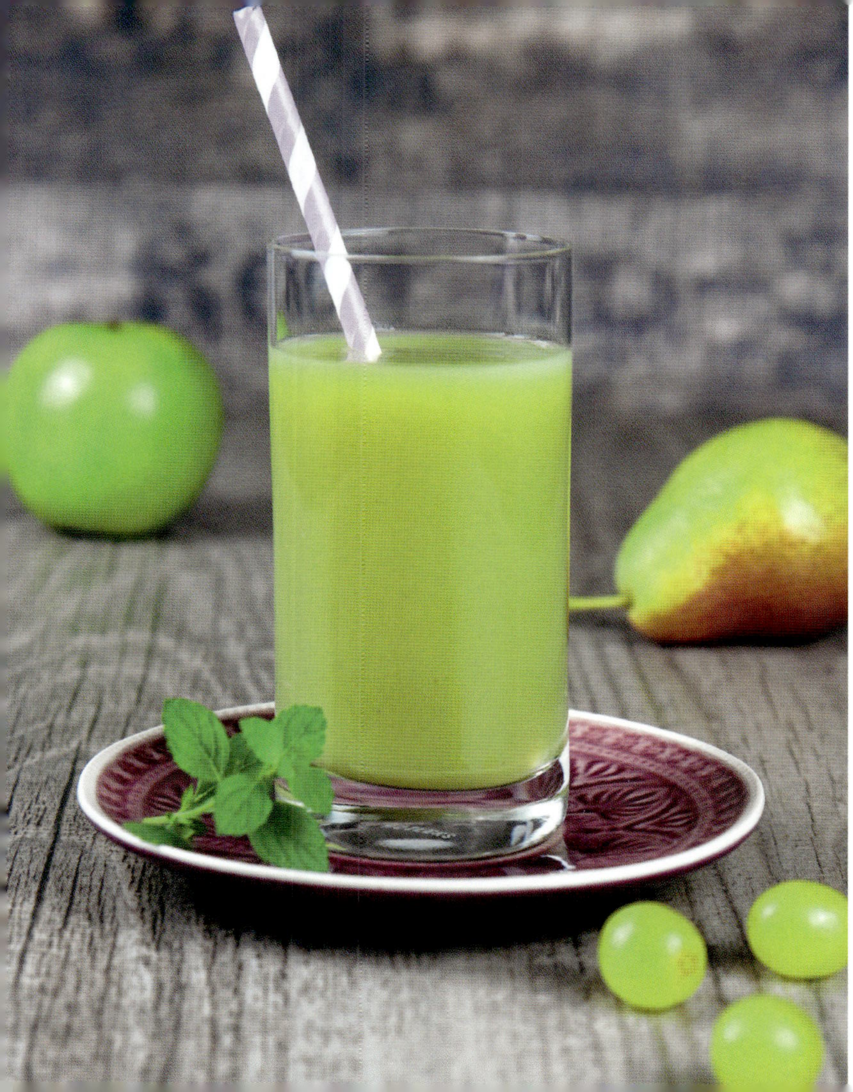

Birne & Apfel

ZUTATEN:

2 Äpfel
2 Birnen
200 g Trauben
1 Stängel Zitronenmelisse

ZUBEREITUNG:

Äpfel, Birnen, Trauben und Zitronenmelisse waschen.
Äpfel und Birnen vierteln und nach Belieben das Kerngehäuse
entfernen. Alles in den Entsafter geben

malen!
NOTIZEN

Apfel-Grünkohl-Smoothie

Smoothie

ZUTATEN:

2 Äpfel
1 Birne
2 Blätter Grünkohl
1 Handvoll Spinat
1/2 Zitrone
2 Stängel Minze
1 kleines Glas Wasser

ZUBEREITUNG:

Die Äpfel, Birne, Grünkohl, Spinat und Minze waschen. Von den Äpfeln und der Birne nach Belieben das Kerngehäuse entfernen und vierteln. Von der Zitrone die Schale entfernen und halbieren. Grünkohl klein schneiden. Nun alles zusammen mit dem Wasser in den Mixer geben und zu einem cremigen Smoothie mixen.

malen!
NOTIZEN

Lebkuchen-Smoothie

mit Birnen, Nüssen und Zimt

ZUTATEN:

2 Birnen
2 Äpfel
1 Handvoll Nüsse
75 g Marzipan
1 Prise Zimt
1 Prise Kakao
1/2 Glas Wasser

ZUBEREITUNG:

Die Äpfel und Birnen waschen, bei Bedarf das Kerngehäuse entfernen und vierteln. Äpfel und Birnen mit den Nüssen, Marzipan, Zimt, Kakao und Wasser in den Mixer geben und zu einem cremigen Smoothie mixen.

malen!
NOTIZEN

Karotten-Suppe

ZUTATEN:

1 Zwiebel
Öl zum Anbraten
400 g Karotten
2 Kartoffeln
1/2 Becher Sahne
je 1 Prise Salz & Pfeffer

1 Prise Chili
1/2 Liter Gemüsebrühe
2 EL Creme fraîche
1 EL Kürbiskerne und
Sonnenblumenkerne
Basilikum zum Garnieren

ZUBEREITUNG:

Karotten und Kartoffeln schälen. Karotten in Scheiben und Kartoffeln in Würfel schneiden. Zwiebeln fein schneiden und in Öl anbraten. Karotten und Kartoffeln dazugeben. Mit Pfeffer und Salz würzen, Gemüsebrühe dazugeben und kurz köcheln lassen. Wenn die Karotten und Kartoffeln weich sind, die Sahne dazugeben und danach alles mit einem Mixstab pürieren. Nun die Suppe mit Chili würzen und mit Kürbiskernen, Sonnenblumenkernen, Basilikum sowie etwas Creme fraîche verzieren.

malen!
NOTIZEN

Kürbissuppe

ZUTATEN:

1 kleiner Kürbis oder Hokkaido	100 ml Sahne
2 Möhren	1 Prise Salz
2 kleine Kartoffeln	1 Prise Pfeffer
1 Zwiebel	1 Prise Chili
Butter zum Anbraten	1 Prise Muskat
300 ml Gemüsebrühe	1 Stängel Petersilie

ZUBEREITUNG:

Kürbis aufschneiden und entkernen. Kürbisfleisch in kleine Würfel schneiden. Karotten und Kartoffeln schälen, waschen und in kleine Stücke schneiden. Zwiebel schälen und fein hacken. Butter erhitzen und Zwiebelwürfel anbraten. Kürbis, Möhren und Kartoffeln dazugeben und kurz anbraten lassen. Schließlich Gemüsebrühe hinzufügen und kurz köcheln lassen. Mit Salz, Pfeffer, Chili und Muskat würzen, Sahne dazugeben und alles pürieren. Petersilie waschen und klein schneiden. Die Suppe damit verzieren.

malen!
NOTIZEN

ofengeröstetem Gemüse

ZUTATEN:

1 Zwiebel	1 Pastinake
2 Karotten	4 EL Tomatenmark
1 Aubergine	1 Prise Salz
1 Zucchini	1 Prise Pfeffer
1 Paprika	1 Prise Paprika
1/2 Fenchel	4 EL Olivenöl
10 Cocktailtomaten	1 EL Gemüsebrühe-Pulver

ZUBEREITUNG:

Die Karotten, Aubergine, Zucchini, Paprika, Fenchel, Cocktailtomaten und Pastinake waschen und das gesamte Gemüse sowie die Zwiebel klein schneiden. In eine Schüssel geben und mit Salz, Pfeffer, Paprika und Olivenöl vermischen. Alles auf ein Backblech geben und im Backofen bei 180 Grad für ca. 20 Minuten rösten lassen. Danach das Gemüse mit dem Tomatenmark und dem Gemüsebrühe-Pulver mischen und pürieren. Wenn die Konsistenz der Suppe zu dick ist, eventuell noch etwas Wasser dazugeben.

malen!
NOTIZEN

Käse-Lauch-Suppe

ZUTATEN:

2 Stangen Lauch	1 Prise Muskat
1 Schalotte	150 g Kräuter-Schmelzkäse
Öl zum Anbraten	100 ml Sahne
1 EL Gemüsebrühe-Pulver	50 ml Weißwein
1 Prise Salz	etwas Wasser
1 Prise Pfeffer	50 g geriebener Parmesan

ZUBEREITUNG:

Die Schalotte fein hacken, den Lauch waschen und in feine Ringe schneiden. Die Schalotte anbraten und den Lauch hinzugeben. Mit Weißwein ablöschen. Schmelzkäse dazugeben und auflösen lassen. Danach die Sahne dazugeben. Mit Salz, Pfeffer, Gemüsebrühe-Pulver und Muskat würzen. Eventuell noch etwas Wasser hinzugeben. Nun alles fein pürieren und mit Lauch verzieren. Den geriebenen Parmesan auf ein Backblech geben und für ca. 10 Minuten bei 175 Grad backen. Auskühlen lassen, danach in Scheiben brechen und zur Suppe servieren.

malen!
NOTIZEN

Maronensuppe
mit Parmesan-Crackern

ZUTATEN:

1 Schalotte
200 g Maronen
100 g Haselnüsse
etwas Butter
150 ml Wasser
100 ml Sahne

1 Prise Salz
1 Prise Pfeffer
1 EL Gemüsebrühe-Pulver
50 g geriebener Parmesan
Kresse zum Verzieren
Haselnüsse zum Verzieren

ZUBEREITUNG:

Die Schalotte klein schneiden. Die Maronen in grobe Stücke schneiden. Die Schalotte in der Butter anbraten und die Maronen und Haselnüsse dazugeben. Wasser hinzugeben und etwas köcheln lassen. Nun die Sahne dazugeben und mit Salz, Pfeffer und Gemüsebrühe würzen. Mit einem Pürierstab die Suppe cremig pürieren. Den geriebenen Parmesan auf ein Backblech geben und für ca. 10 Minuten bei 175 Grad backen. Auskühlen lassen, danach in Scheiben brechen und zur Suppe servieren. Die Suppe noch mit Kresse und Haselnüssen garnieren.

malen!
NOTIZEN

Kartoffelsuppe mit Meerrettich

ZUTATEN:

400 g Kartoffeln
1 Schalotte
1 Pastinake
1 Petersilienwurzel
1 Karotte
1/2 Stange Lauch
2 TL Sahne-Meerrettich
2 Wiener Würstchen

1/2 Bund Petersilie
1/3 Weißbrot
etwas Butter zum Anrösten
300 ml Wasser
1 Prise Salz, Pfeffer, Muskat
und Majoran
1 EL Gemüsebrühe-Pulver

ZUBEREITUNG:

Das Gemüse waschen. Kartoffeln, Schalotte und Karotte schälen und das gesamte Gemüse klein schneiden. Die Schalotten und den Lauch in Butter anbraten. Das Gemüse dazugeben und kurz anrösten lassen. Nun das Wasser mit der Gemüsebrühe hinzugeben und so lange kochen, bis das Gemüse weich ist, aber noch etwas Biss hat. Nun alles pürieren. Mit Salz, Pfeffer, Muskat, Majoran und Sahne-Meerrettich würzen. Die Wiener klein schneiden, die Petersilie fein hacken und über die Suppe geben. Das Weißbrot in Scheiben schneiden und in etwas Butter in einer Pfanne anrösten.

malen!
NOTIZEN

Fermentiertes Gemüse

1/4 Weißkraut
1/4 Rotkraut
1 - 2 Karotten
2 Frühlingszwiebeln
Blumenkohlröschen
Zucchinischeiben

Wasser
3 TL Salz

eventuell zum Würzen:
Senfkörner, Chili, Ingwer
oder Knoblauch

ZUBEREITUNG:

Weißkraut, Rotkraut, Karotten, Frühlingszwiebeln, Blumenkohl und Zucchini fein schneiden und Einmachgläser bis zum Rand damit befüllen. Wasser aufgießen, sodass das gesamte Gemüse bedeckt ist. Nun noch jeweils 1 TL Salz dazugeben und den Deckel verschließen. An einem warmen Ort für 2 – 3 Wochen stehen lassen. Immer wieder etwas schütteln und falls nötig, Wasser nachfüllen. Sobald der Geschmack richtig ist, kann das Gemüse im Kühlschrank wochenlang gelagert werden. Für einen intensiveren Geschmack kann man Senfkörner, Chili, Ingwer oder Knoblauch hinzufügen.

malen!
NOTIZEN

Feldsalat

mit Nüssen, Birnen und Fruchtdressing

ZUTATEN:

2 Handvoll Feldsalat
1 Birne
12 rote Trauben
6 Walnüsse

DRESSING:

1 EL Senf
1 EL Honig
2 EL Olivenöl
1 EL Himbeeressig
2 EL Apfelsaft
1 TL gemischte Gartenkräuter
1 Prise Salz
1 Prise Pfeffer

ZUBEREITUNG:

Den Feldsalat waschen und in die Salatschüsseln geben. Birne und Trauben waschen. Die Birne klein schneiden und Trauben halbieren. Auf dem Feldsalat verteilen. Die Walnüsse klein hacken und über den Salat geben. Für das Dressing den Senf, Honig, Olivenöl, Himbeeressig, Apfelsaft, Gartenkräuter, Salz und Pfeffer zu einer glatten Soße rühren. Kurz vor dem Servieren über dem Salat verteilen.

malen!
NOTIZEN

Rotkohl-Birnen-Salat

mit Walnüssen

ZUTATEN:

1/2 Rotkohl
1 Birne
6 Walnüsse
2 EL Essig
2 EL Öl
1 EL Zucker
1 Prise Salz
1 Prise Pfeffer

ZUBEREITUNG:

Den Rotkohl in feine Streifen hobeln. Mit Essig, Öl, Zucker, Salz und Pfeffer würzen. Mit den Händen den Rotkohl solange kneten, bis er eine geschmeidige Konsistenz hat und etwas Flüssigkeit ausgetreten ist. Die Birne waschen und klein schneiden. Die Walnüsse grob hacken und beides zum Rotkohl dazugeben.

malen!
NOTIZEN

Rote Bete Carpaccio

mit Meerrettich

ZUTATEN:

---

2 rosa Ringelbeten	1 Prise Pfeffer
2 kleine gelbe Beten	2 EL Meerrettich
3 EL Essig	1 EL Sahne
3 EL Öl	100 g Schafskäse
1 Prise Zucker	ein paar Blätter Feldsalat
1 Prise Salz	6 Walnüsse

ZUBEREITUNG:

Die Beten schälen, in dünne Scheiben schneiden und auf Tellern auflegen. Essig mit Öl, Salz, Zucker und Pfeffer mischen und über die Beten geben. Einige Zeit marinieren lassen. Den Meerrettich mit der Sahne verrühren und über der Bete verteilen. Den Feldsalat waschen, die Nüsse grob hacken und auf den Tellern verteilen. Den Schafskäse über dem Salat zerbröseln.

malen!
NOTIZEN

Meerrettich-Dip

ZUTATEN:

200 g Frischkäse
4 EL Naturjoghurt
3 EL Sahne-Meerrettich
1 Prise Salz
1 Prise Pfeffer
1/2 Bund Schnittlauch

ZUBEREITUNG:

Den Frischkäse mit dem Naturjoghurt und dem Sahne-Meerrettich glatt rühren. Mit Salz und Pfeffer würzen. Den Schnittlauch in kleine Röllchen schneiden und großzügig unterrühren.

NOTIZEN

Rote Bete Aufstrich
mit Meerrettich

ZUTATEN:

200 g Frischkäse
4 EL Naturjoghurt
3 EL Sahne-Meerrettich
1/2 Rote Bete
1 Prise Salz
1 Prise Pfeffer
1/2 Bund Schnittlauch

ZUBEREITUNG:

Den Frischkäse mit dem Naturjoghurt und dem Sahne-Meerrettich glatt rühren. Die Rote Bete schälen und im Mixer fein pürieren. Das Rote-Bete-Püree unter den Frischkäse rühren. Mit Salz und Pfeffer würzen. Den Schnittlauch in kleine Röllchen schneiden und großzügig unterrühren.

malen!
NOTIZEN

Nuss-Pilz-Butter

ZUTATEN:

250 g gemischte Pilze
(Champignons, Steinpilze,
Pfifferlinge usw.)
1 Schalotte
150 g Frischkäse
2 EL Creme fraîche

1 Prise Salz
1 Prise Pfeffer
1 Prise Muskat
4 Stängel Petersilie
Butter zum Anbraten

ZUBEREITUNG:

Die Pilze waschen, gut trockentupfen und in kleine Würfel schneiden. Die Schalotte fein hacken und in Butter anbraten. Die Pilze dazugeben und so lange braten, bis sie schön gebräunt sind. Danach abkühlen lassen. Das Pilzgemisch mit dem Frischkäse und der Creme fraîche vermischen sowie mit Salz, Pfeffer und Muskat würzen. Die Petersilie waschen und fein hacken. Zu der Pilzcreme geben.

malen!
NOTIZEN

Gerösteter Rosenkohl

mit Maronen

ZUTATEN:

400 g Rosenkohl
150 g Maronen
5 EL Olivenöl
1 Prise Salz
1 Prise Pfeffer
1 Prise Chili

ZUBEREITUNG:

Den Rosenkohl waschen, trockentupfen und halbieren.
Von den Maronen die Schale entfernen und grob zerkleinern.
Alles in eine Schüssel geben. Die Mischung mit Salz, Pfeffer und
Chili würzen und das Olivenöl dazugeben. Nun alles auf einem
Backblech verteilen und für ca. 20 Minuten im Ofen bei 175
Grad goldbraun rösten.

NOTIZEN

Muffins mit Wintergemüse und Dip

ZUTATEN:

2 Kartoffeln
2 Eier
2 EL Schmand
1 Knoblauchzehe
ein Stück Lauch
eine kleine Schalotte
1 Prise Salz
1 Prise Pfeffer
1 Prise Chili
100 g Frischkäse
2 Löffel Naturjoghurt
1 halber TL Senf
1 Prise Salz
1 Prise Pfeffer
1 Spritzer Zitronensaft
etwas Schnittlauch
2 EL geriebener Parmesan

ZUBEREITUNG:

Die Kartoffeln in dünne Scheiben hobeln und kleine Förmchen damit ringförmig auslegen. Den Lauch waschen und mit der Schalotte in feine Streifen schneiden, den Knoblauch ganz fein reiben. Die Eier mit dem Schmand mischen und mit Salz, Pfeffer und Chili würzen. Die Schalotte, etwas Knoblauch und den Lauch in die Mitte der Förmchen geben. Die Eier-Schmand-Mischung darüber gießen. Mit dem geriebenen Parmesan bestreuen. Für etwa 20 Minuten im Backofen bei 175 Grad goldbraun backen. Währenddessen den Frischkäse mit Naturjoghurt, Senf, Salz, Pfeffer und Zitronensaft verrühren. Den Schnittlauch waschen und noch etwas zum Dip und über die gebackenen Muffins geben.

malen!
NOTIZEN

Butternuss-Kürbis

ZUTATEN:

1 Butternuss-Kürbis	etwas Petersilie
1 Karotte	60 g Schafskäse
1/2 rote Paprika	1 Prise Salz
6 braune Champignons	1 Prise Pfeffer
4 Maronen	1 Prise Chili
4 Walnüsse	2 EL Olivenöl

ZUBEREITUNG:

Den Butternuss-Kürbis halbieren und das Kerngehäuse großzügig aushöhlen. Kreuzweise einschneiden. Mit Olivenöl bepinseln und im Backofen bei 170 Grad rösten bis er leicht angebräunt ist. Unterdessen die Karotte, Paprika, Pilze, Maronen, Walnüsse und Schafskäse klein schneiden. Die Mischung in eine Schüssel geben und mit Salz, Pfeffer, Chili und Olivenöl würzen. Die Mischung auf die halbierten Kürbisse geben und weitere 15 Minuten im Backofen rösten. Die Petersilie waschen, klein schneiden und über die fertig gebackenen Kürbisse geben.

malen!
NOTIZEN

Kraut-Schupfnudeln

ZUTATEN:

400 g Schupfnudeln
50 g Schinken oder Speck
300 g Sauerkraut
1 Prise Salz
1 Prise Pfeffer
Butter zum Anbraten

ZUBEREITUNG:

Den Schinken oder Speck würfeln und in Butter leicht anrösten. Die Schupfnudeln dazugeben und ebenfalls rösten. Nun das Sauerkraut hinzugeben und mit Salz und Pfeffer würzen. Alles leicht anrösten lassen.

malen!
NOTIZEN

Zwiebel-, Tomaten- und Walnuss-Brot

ZUTATEN:

400 g Mehl
300 ml Wasser
1/2 Würfel Hefe (ca. 20 g)
1 TL Salz
4 EL Olivenöl

FÜR DIE FÜLLUNG:

100 g Walnüsse
100 g getrocknete Tomaten
1 Zwiebel
etwas Butter zum Braten

ZUBEREITUNG:

Das Mehl, Salz und Olivenöl in eine Schüssel geben. Die Hefe in warmem Wasser auflösen und zum Mehl geben. Alles gut vermischen und den Teig an einem warmen Ort für 1–2 Stunden gehen lassen. Währenddessen die Walnüsse kleinhacken und in Butter etwas anrösten, die Tomaten ebenfalls klein hacken und die Zwiebel kleinschneiden und in der Pfanne goldbraun rösten. Nun den Hefeteig in 3 Stücke teilen und jeweils die gerösteten Zwiebeln, Tomaten und Walnüsse unter den Teig mischen. 3 Brote formen und im Ofen für ca. 30 Minuten goldbraun backen. Alternativ kann man den Teig auch in Muffinsformen backen.

malen!
NOTIZEN

Müsliriegel

als gesunder Snack zwischendurch

ZUTATEN:

100 g Nüsse
100 g Mandeln
4 EL Haferflocken
etwas Butter zum Anbraten
für die Haferflocken
3 Eiweiß

1 – 2 EL Honig
100 g getrocknete Früchte
(Rosinen, Pflaumen usw.)
2 EL Leinsamen
2 EL Hanfsamen
50 g Butter

ZUBEREITUNG:

Die Nüsse, Mandeln und Trockenfrüchte grob hacken und in eine Schüssel geben. Die Haferflocken mit Butter leicht anrösten und zur Nuss-Mischung geben. Leinsamen, Hanfsamen und Honig dazugeben. Eiweiß steif schlagen und ebenfalls hinzufügen. Nun noch die 50 g Butter in einer Pfanne leicht anbräunen und dazugeben. Alles gut vermischen und auf einem Backblech Müsliriegel formen. Im Ofen bei 175 Grad für ca. 15 – 20 Minuten backen.

NOTIZEN

Gesunde
Haselnuss-Creme

ZUTATEN:

300 g Haselnüsse
etwas Butter
3 EL Honig
1 Prise Salz
1 Prise Vanille-Aroma

ZUBEREITUNG:

Die Nüsse in den Mixer geben und zu einer feinen, gleichmä-
ßigen Creme mixen. Etwas flüssige Butter dazugeben. Danach
Honig, Salz und Vanille-Aroma dazugeben und nochmals alles
gut vermischen.

malen!
NOTIZEN

Bratapfel-Dessert

ZUTATEN:

200 g Apfelmus	1 Prise Zimt
1 Handvoll Rosinen	150 Mascarpone
3 EL Rum	100 g Quark
10 Nüsse	1 Paket Vanille-Zucker
1 Spritzer Zitrone	1 Spritzer Zitrone

ZUBEREITUNG:

Rosinen in Rum einlegen. Die Nüsse grob hacken und in der Pfanne etwas anrösten. Den Apfelmus mit einem Spritzer Zitronensaft und Zimt abschmecken. Die Rosinen abtropfen lassen und zum Apfelmus dazugeben, die Nüsse ebenfalls. Nun den Mascarpone mit Quark, Zitrone und Vanille-Zucker glatt rühren. Apfelmus und Mascarpone schichtweise in ein Glas geben und mit Nüssen garnieren.

malen!
NOTIZEN

Stollen-Parfait

ZUTATEN FÜR EINE KASTENFORM:

4 Eigelb
80 g Puderzucker
1 Paket Vanillezucker
2 Becher Schlagsahne
200 g gemischte Nüsse und
Mandeln (Walnüsse, Paranüs-
se, Pistazien, Mandeln usw.)

75 g kandierte Orangen
75 g kandierte Zitronen
100 g Rosinen
4 EL Rum
100 g weiße Schokolade
1 Prise Zimt
1 1/2 TL Stollengewürz

ZUBEREITUNG:

Die Rosinen in 4 EL Rum einlegen und etwas darin ziehen lassen. Die Nüsse und Mandeln grob hacken und in einer Pfanne goldbraun anrösten lassen. Abkühlen lassen. Die weiße Schokolade grob hacken. Die kandierten Orangen und Zitronen in kleine Würfel schneiden. Die Eigelbe mit Puderzucker und Vanillezucker schaumig schlagen. Zimt und Stollengewürz dazugeben. Danach die kandierten Früchte, Nüsse, Mandeln, Rosinen und Schokolade zur Eicreme geben. Die Schlagsahne steif schlagen und ebenfalls zur Eicreme geben. Nun die Masse in eine Backform füllen und gut durchfrieren lassen.

malen!
NOTIZEN

KOCHEN.
BACKEN.
GLÜCKLICH SEIN.
Weitere feine Rezeptideen finden Sie
in unserem Onlineshop.
Zuckerguss
Grillgenuss
JETZT NACH-BESTELLEN
FRISCH gepresste SÄFTE
basisch kochen 2

Augsburger Allgemeine Shop
Das Beste von hier. Mit einem Klick.
www.augsburger-allgemeine.de/shop
Alles was uns bewegt